ARKANA

MICHAEL ROSCHER

Die Steinbock Persönlichkeit

Charakter, Schicksal und Chancen.
Mit Mondpositionen
und Aszendentenbestimmung

ARKANA
GOLDMANN

Umwelthinweis:
Alle bedruckten Materialien dieses Taschenbuches
sind chlorfrei und umweltschonend.

Originalausgabe Januar 1999

Umschlaggestaltung: Design Team München
Umschlagabbildung: AKG, Berlin
Verlagsnummer 21513
Realisation und Gesamtbetreuung:
Christine Proske, Ariadne Buchkonzeption, München
Redaktion: Ralf Lay
Grafik: D.T.P. Factory, Susanne Bertenbreiter, München
Herstellung: H+G Lidl, München
Satz: Fotosatz Völkl, Puchheim
Druck: Elsnerdruck, Berlin
Made in Germany
ISBN 3-442-21513-7

1 3 5 7 9 10 8 6 4 2

Inhalt

ANHANG

Vorwort

Bücher zu den »Stern«- oder Tierkreiszeichen gibt es scheinbar wie Sand am Meer. Welchen Sinn macht es da, erneut darüber zu schreiben; ist nicht alles schon Dutzende Male geschrieben worden, was es zu diesem Thema mitzuteilen gibt? Ich glaube, nicht. Denn wer sich ein wenig näher mit dem Thema Astrologie beschäftigt hat, kann zwei sehr unterschiedliche Bereiche ausmachen: Astrologie als Unterhaltung und Zeitvertreib, wie wir sie zum Beispiel auf Zuckerstückchenpapier und auf der Horoskopseite nahezu jeder Illustrierten finden, und die ernsthafte Astrologie, deren Studium viele Jahre beansprucht. Auch wenn die Astrologie einmal die Königin der Wissenschaften war, die an jeder renommierten Universität gelehrt wurde, so wird sie doch heute von den meisten mit der Unterhaltungsastrologie verwechselt; und nur die wenigsten wissen, wie umfangreich, komplex und faszinierend die »richtige« Astrologie ist.

Diese Buchreihe versucht einen dritten Weg zu gehen, indem die ernsthafte und die Unterhaltungsastrologie zusammengeführt werden. Das, was sich mit den Methoden anspruchsvoller Astrologie über die Tierkreiszeichen sagen läßt, habe ich in diesen Bändchen darzustellen versucht. Gerade weil auch die Mondzeichen und die Bedeutungen der Geburtstage mit einbezogen wurden, konnten Aussagen gemacht werden, die sicherlich um einiges genauer und zutreffender sind, als dies in einem »normalen« Buch über Tierkreizeichen möglich wäre. Gleichzeitig sollte jedoch auch der unterhaltende Aspekt nicht zu kurz kommen, schließlich lähmt kaum etwas mehr das Interesse und die Neugier als trockener Lesestoff. Das Ziel war eine Lektüre, die seriöses astrologisches Wissen über uns selbst, über unsere Stärken und Schwächen vermittelt. Das Lesen sollte Spaß machen, und die Aussagen sollten so treffend sein, wie es in diesem Rahmen eben möglich ist. Wer auf den Geschmack kommt und noch mehr über sich und sein Horoskop erfahren möchte, findet zu diesem Thema Tips und Hinweise am Ende des Buches.

Ich möchte mich an dieser Stelle bei meiner Lebensgefährtin, der Astrologin und Buchautorin Brigitte Hamann, bedanken, die einen wesentlichen Anteil am Zustandekommen dieser Reihe hatte. Die meisten Illustrationen und Zitate stammen von ihr, sie hat die Märchen ausgewählt, bearbeitet und kommentiert, und einige Abschnitte entstammen – in leicht überarbeiteter Form – ihrem Buch *Die zwölf Archetypen.*

Michael Roscher,
im Herbst 1998

Kontaktadresse des Autors:

Michael Roscher
Schule für Transpersonale Astrologie ®
Postfach 31 02 01
D-90202 Nürnberg

Einleitung: Wie die Gestirne unser Schicksal beeinflussen

Die Astrologie ist trotz aller Anfeindungen ein fester Bestandteil unserer Kultur, unseres Fühlens und Denkens geblieben. Das Interesse an diesem seit Jahrtausenden genährten Wissensschatz nimmt sogar immer mehr zu. Es hofft zum Beispiel jeder, »unter einem guten Stern geboren zu sein«, unabhängig davon, ob wir an Astrologie glauben oder nicht. Und so wird das Geburtsdatum eines Menschen nach wie vor mit dem Sternsymbol * dargestellt.

Wochentage

Die sieben Wochentage und ihre Namen werden von den sieben »klassischen« Planeten unseres Sonnensystems abgeleitet: der Sonntag von der Sonne, der Montag vom Mond, der Dienstag vom germanischen Kriegsgott Tiu (Týr), der dem Mars entspricht. Der Mittwoch heißt im Französischen *Mercredi,* also »Merkurtag«. Der Donnerstag (im Englischen *Thursday*) geht auf den germanischen Gott Thor zurück, der wiederum mit Jupiter vergleichbar ist. Der Freitag leitet sich von der Göttin Freyja ab, der germanischen Entsprechung der Venus. Der Samstag, mit dem die Woche vollendet wird, ist dem Saturn zugeordnet.

Das Wort »Desaster« (Unglück) kommt vom italienischen *disastro,* was »Unstern« bedeutet. Jemand, der einen starken Mars hat, wirkt auf andere martialisch, das heißt »kriegerisch, bedrohlich«; im Englischen nennt man die Kampfkünste *martial arts.* Unsere Stimmun-

Die Planetensymbole

Sonne	Mond	Merkur	Venus	Mars
☉	☽	☿	♀	♂
Jupiter	**Saturn**	**Uranus**	**Neptun**	**Pluto**
♃	♄	⛢	♆	♇

gen werden durch den Mond beeinflußt, was sich sprachlich in dem Wort »Laune« (lateinisch *luna* = »Mond«) widerspiegelt. Und wie der Mond sein Aussehen beständig verändert, so wechseln auch unsere Gefühle.

Es ließen sich noch viele Beispiele aufführen, doch soll dies hier genügen, um zu zeigen, wie sehr uns die Astrologie in Fleisch und Blut übergegangen ist, ohne daß uns dies normalerweise bewußt wird.

Charakteranlagen und Schicksal

Daß sich über die Planetenstände bei der Geburt Charakteranlagen, Schicksal und Chancen ermitteln lassen, ist längst bewiesen, auch wenn die Gegner der Astrologie dies nicht wahrhaben wollen.

Früher meinte man, von den Gestirnen gingen Strahlungen aus, die uns im Augenblick der Geburt lebenslang prägen. Manche Forscher versuchen immer noch, die Stimmigkeit der Astrologie auf diese Weise zu erklären. Der Ansatz ist sicherlich nicht völlig falsch. Allein der Mond verursacht mit seiner Anziehungskraft Ebbe und Flut und hat, wie man inzwischen weiß, auch einen deutlichen Einfluß auf das Wetter. Wenn der Mond die Weltmeere zu bewegen vermag, dann ist es auch einleuchtend, daß er den Menschen beeinflußt, dessen

Der chaldäische Stern

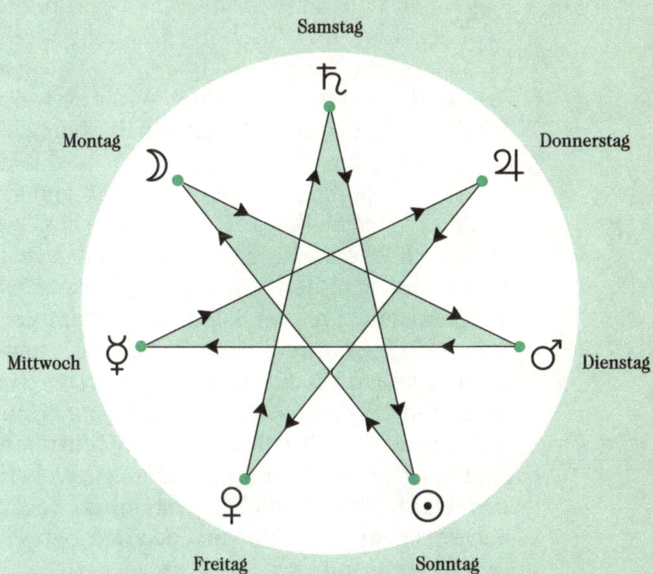

Die Darstellung der sieben klassischen Planeten als Tagesregenten kreisförmig in einem siebeneckigen Stern wird »chaldäischer Stern« genannt. Beginnt man beim Mond entgegen dem Uhrzeigersinn zu zählen, ergibt sich die Reihenfolge: *Mond, Merkur, Venus, Sonne, Mars, Jupiter, Saturn.* Dies gibt die Umlaufgeschwindigkeit der Himmelskörper um die Erde wieder. Der Mond bewegt sich, von der Erde aus gesehen, am schnellsten, der Saturn am langsamsten. Folgt man hingegen den Pfeilen des Sterns, entsteht die Reihenfolge: *Mond, Mars, Merkur, Jupiter, Venus, Saturn, Sonne,* was unseren Wochentagen entspricht.

Körper ja auch zum größten Teil aus Wasser besteht.

Die Astrologie funktioniert jedoch auch sicher bei der Ermittlung günstiger Daten für

Ermittlung günstiger Daten

Firmengründungen, Vertragsunterzeichnungen, Eheschließungen und dergleichen mehr. Hier fragt man sich dann in der Tat verwundert, wer oder was dabei durch irgendwelche Strahlen beeinflußt wird... Nicht nur aus diesem Grund ist es besser, sich die Wirkungsweise der Astrologie wie die einer genau gehenden Uhr vorzustellen: Wir können an ihr problemlos die richtige Zeit ablesen, ohne daß jemand glauben würde, unsere Uhr beeinflusse die Zeit. Auf die gleiche Weise können wir in den Stellungen der Planeten Analogien unserer Charakteranlagen, unseres Schicksals und unserer Entwicklungsmöglichkeiten erkennen, ohne daran glauben zu müssen, daß die Planeten unser Schicksal *bestimmen* – sie *zeigen* es nur an. Dieser an sich völlig einfache Gedankengang wird selbst von führenden Wissenschaftlern offensichtlich nicht verstanden, so sie sich überhaupt die Mühe machen, der Astrologie Aufmerksamkeit zu widmen.

Keine Ersatzreligion

Ähnlich verhält es sich mit zahlreichen gläubigen Menschen, die fälschlicherweise annehmen, die Astrologie wäre eine »Ersatzreligion«, die uns ein unausweichliches Schicksal predige und an die Stelle des Gottesglaubens den an die Sterne setze. Nichts könnte falscher sein; denn ein vernünftiger Mensch wird die Psychologie nicht verdächtigen, Religion sein zu wollen, und Astrologie ist nichts anderes als das in Jahrtausenden gereifte psychologische Wissen der Menschheit – ein Erkenntnisprozeß, der begann, lange bevor es das Wort »Psychologie« überhaupt gab.

Einer der Grundlehrsätze der Astrologie lautet: »Der Weise beherrscht die Sterne.« Das heißt, die Astrologie strebt nicht an, dem Menschen ein angeblich unausweichliches Schicksal aufzudrängen, sondern sie will und kann echte Lebenshilfe sein, indem sie uns lehrt, uns selbst und unsere Mitmenschen besser zu verstehen.

Echte Lebenshilfe

Wenn wir beginnen, unser eigenes Wesen besser zu begreifen, werden natürlich auch Schwächen und der eine oder andere weniger erfreuliche Wesenszug sichtbar. Dies ist jedoch kein Grund, sich zu ärgern oder gar zu verzagen, sondern vielmehr die große Chance, das Beste aus unseren Möglichkeiten zu machen, die Schwierigkeiten, die wir mit uns und unseren Mitmenschen haben, zu meistern sowie dadurch zu wachsen.

Die Richtigkeit dieser Annahme wird uns indirekt auch bestätigt, wenn wir uns manche Menschen anschauen, die in ihrem Horoskop die umgekehrten Voraussetzungen aufweisen – sie sind besonders begabt, in ihrem Leben bieten sich außergewöhnliche Möglichkeiten, und sie machen dennoch nichts daraus. Das beste Horoskop nützt also wenig, wenn wir nicht unsere Fähigkeiten erkennen und uns um ihre Entwicklung bemühen: Die Welt ist voll von begnadeten musikalischen Talenten, die niemals die Ausdauer aufbrachten, ein Instrument richtig spielen zu lernen. Ein Künstler mit eher mäßiger Begabung und dem Willen, seine Möglichkeiten voll auszuschöpfen, kann dagegen bereits Außergewöhnliches erreichen, und der Erfolg ist schier unaufhaltbar, wenn die konsequente Entwicklung unserer Fähigkeiten mit einer besonderen Begabung zusammentreffen.

Wille zur Entwicklung

Dieses Buch möchte Sie dabei unterstützen, sich selbst und Ihre Mitmenschen besser zu verstehen. Wenn wir Verständnis füreinander in Handeln umsetzen, ist es nahezu unvermeidlich, daß wir erfolgreicher und effektiver werden, vor allem aber, daß wir ein zufriedeneres und erfüllteres Leben führen.

Die Tierkreiszeichen und das Horoskop

In der Umgangssprache hat sich der Begriff »Sternzeichen« eingebürgert, wenn eigentlich von Tierkreiszeichen die Rede ist. Es gibt die Sternbilder am Himmel und die Tierkreiszeichen; irgendwann einmal entstand der etwas unglückliche Begriff von den »Sternzeichen«.

»Sternzeichen«

Die Sternbilder, die sich auf der Sonnenbahn befinden und den gleichen Namen wie die Tierkreiszeichen tragen, haben mit letzteren jedoch überhaupt nichts zu tun. Ihre Position verändert sich jedes Jahr ein wenig, und so kommt es, daß die Sonne am 21. März (oder einem beliebigen anderen Datum) an einer völlig anderen Stelle aufgeht, als dies etwa vor 2000 Jahren der Fall war.

Diese Namensgleichheit hatte unglückliche Folgen, werden Sternbilder und Tierkreiszeichen doch heute noch von vielen miteinander verwechselt oder gar gleichgesetzt. Das führt sogar so weit, daß vor allem Astronomen, die gern gegen die Astrologie wettern, behaupten, die Astrologen würden ihre Horoskope falsch berechnen. Diese ständige Verwechslung zeigt unter anderem, wie wenig sich die Gegner der Astrologie mit dem Thema überhaupt beschäftigt haben.

Die meisten Menschen wissen, ob sie ein Stier, ein Krebs oder ein Fisch sind, jeder kennt sein »Sternzeichen«. Wie diese Zuordnung zustande kommt, wissen dagegen nur wenige; dabei ist es einfach, die Grundlagen der Astrologie zu verstehen: Die Erde beschreibt im Laufe eines Jahres einen (näherungsweisen) Kreis um die Sonne. Von der Erde aus gesehen, ist diese auch »Ekliptik« genannte Umlaufbahn jedoch der Weg, den die Sonne innerhalb des Jahres scheinbar am Himmel zurücklegt; das heißt, die Sonne steht nach zirka 365 Tagen wieder an dem Himmelspunkt, von dem aus sie »ihre« Wanderung begann. Unterteilt man die Ekliptik in zwölf gleich große Abschnitte, ergibt sich die Aufgliederung des Tierkreises (Zodiakus) in zwölf Zeichen. Unser »Sternzeichen« ist nun nichts anderes als das Tierkreiszeichen, in dem die Sonne zum Zeitpunkt unserer Geburt stand. Wer beispielsweise ein Löwe ist, bei dem befand sich die Sonne im Zeichen des Löwen (120 bis 150 Grad im Tierkreis), als er zur Welt kam. Allerdings beginnt das astrologische Jahr nicht am 1. Januar, sondern am 21. März, exakt am Frühlingsanfang. Das astrologische Jahr ist übrigens mit dem astronomischen identisch.

Stand der Sonne

Astrologisches Jahr

Der Tierkreis beginnt mit dem Zeichen Widder, deshalb ist jeder, der zwischen dem 20./21. März und dem 19. bis 21. April geboren wurde, Widder. Auf den Widder folgt der Stier, daher dürfen sich alle, die zwischen dem 19. bis

Die Symbole der Tierkreiszeichen

Widder	Stier	Zwillinge	Krebs	Löwe	Jungfrau
♈	♉	♊	♋	♌	♍
Waage	**Skorpion**	**Schütze**	**Steinbock**	**Wassermann**	**Fische**
♎	♏	♐	♑	♒	♓

Sternbilder und Tierkreiszeichen

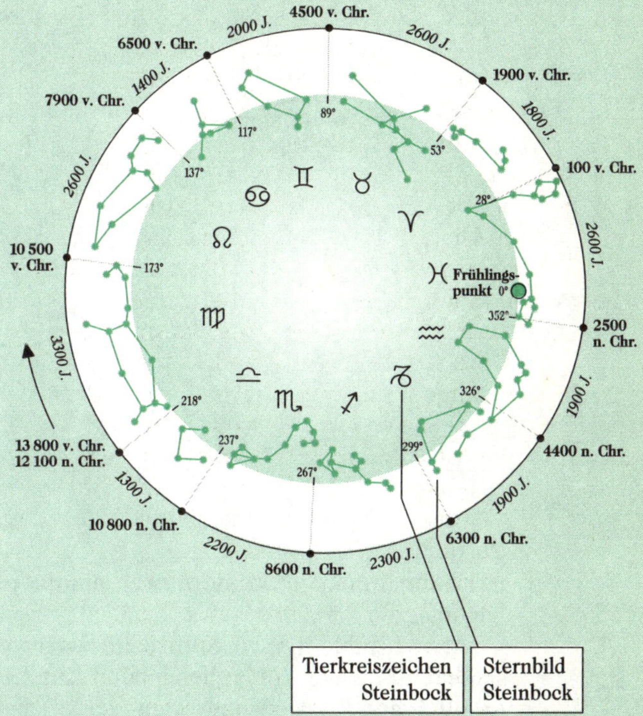

Im Außenkreis sind die *Sternbilder* dargestellt, im Innenkreis die *Tierkreiszeichen*. Außer der Namensgleichheit haben beide nichts miteinander zu tun.

21. April und dem 20. bis 22. Mai geboren wurden, »Stier« nennen – und so fort. Von der Erde aus gesehen, umkreist die Sonne aber nicht

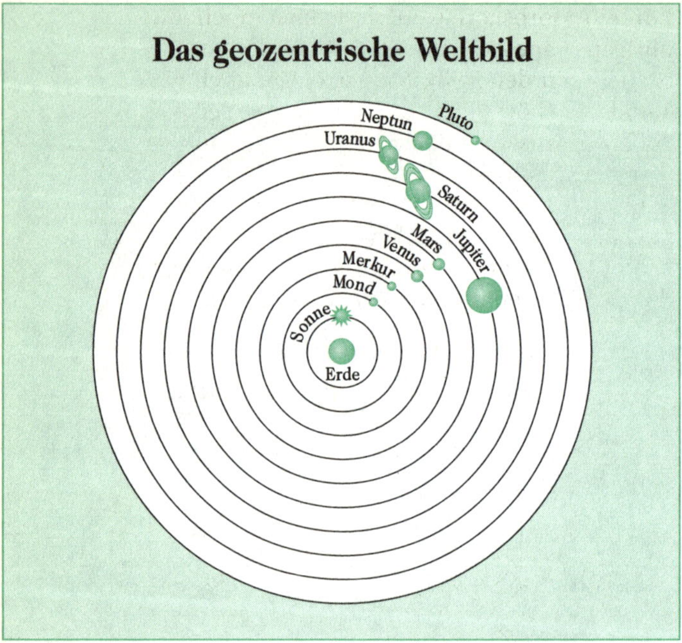

nur einmal im Jahr, sondern auch einmal pro Tag unseren Planeten.

Diese Laufbahn wird ebenso in zwölf verschiedene Abschnitte gegliedert und den Tierkreiszeichen zugeordnet. Man kann diese Vorgänge mit einer Uhr vergleichen. Die eine Umdrehung entspräche dann dem Minuten-, die andere dem Stundenzeiger.

Horoskoperstellung

Will man nun ein Horoskop erstellen, trägt man zunächst das Sonnen-Symbol an der Stelle im Horoskopformular ein, an der das Tierkreiszeichen steht, unter dem man geboren ist, zum Beispiel Waage (siehe Abbildung »Die Sonne in der Waage«).

Für ein Horoskop werden jedoch noch die übrigen Planeten unseres Sonnensystems gebraucht, zu denen in der Astrologie auch der Mond ☽ gehört (siehe die Abbildung »Beispiel für ein Horoskop mit allen Planeten« auf der nächsten Seite).

Mondzeichen

Ebenso wie jeder von uns ein Sonnenzeichen hat, besitzt er auch ein Mondzeichen. Dieses ist für die Deutung der Persönlichkeit mindestens genauso wichtig wie das Zeichen

Die Sonne in der Waage

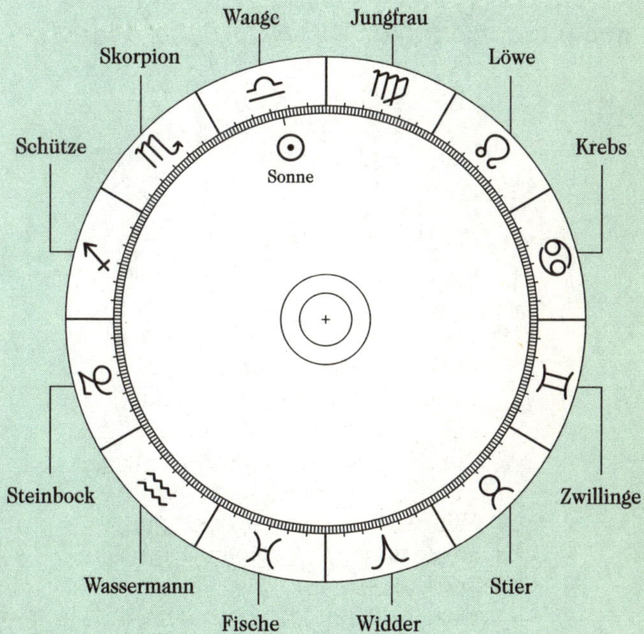

der Sonne. Die Sonnenzeichen sind wahrscheinlich nur deshalb bekannter, weil sie sich ganz leicht über das Geburtsdatum feststellen lassen.

Geburtsjahr

Das ist beim Mond nicht so einfach. Denn hier benötigen wir neben dem Geburtstag noch die Zuordnung zum Geburtsjahr. Da wir für Ihre Charakter- und Schicksalsanalyse jedoch auch das Mondzeichen verwenden wollen, finden Sie im Anhang eine Tabelle, mit der Sie leicht die Zeichenstellung des Mondes zum Zeitpunkt Ihrer Geburt bestimmen können.

Beispiel für ein Horoskop mit allen Planeten

Die Häuser im Horoskop

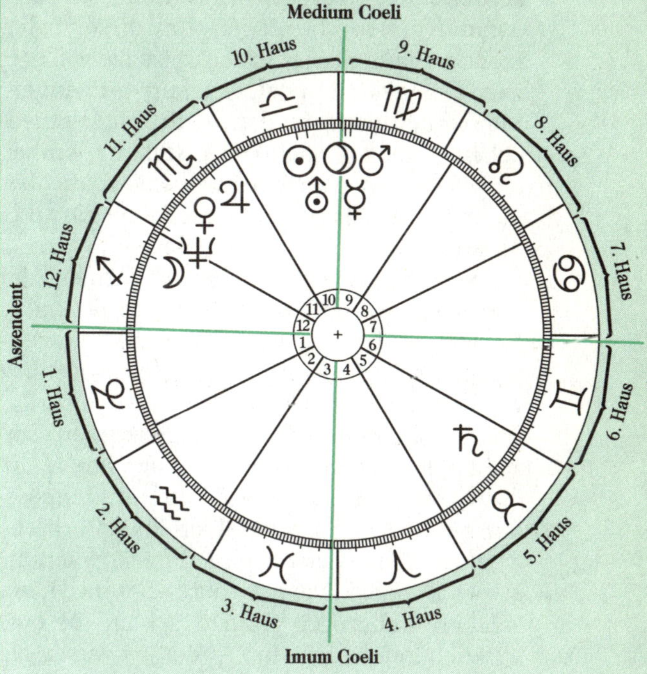

Eine ausschlaggebende Rolle innerhalb des Horoskops spielt der Aszendent. Dieser wird durch das Tierkreiszeichen bestimmt, das im Augenblick der Geburt über den Osthorizont tritt (lateinisch *ascendere* = »aufsteigen«). Dazu müssen Sie wissen, an welchem Ort und zu welcher Zeit Sie geboren sind. Eine Tabelle und eine genaue Anweisung zur Berechnung Ihres Aszendenten finden Sie im Anhang dieses Buches.

Aszendent

Für ein vollständiges Horoskop müßten allerdings noch mehrere andere wichtige Faktoren berücksichtigt werden. Wir würden die sogenannten Häuser benötigen. Um diese zu berechnen, muß man beispielsweise die ganz genaue Geburtszeit und den Geburtsort kennen. Die Verhältnisse, in denen die unterschiedlichen Planeten zueinander stehen (Winkel, Aspekte), lassen erst präzise Aussagen über individuelle Charaktereigenschaften und Lebensumstände zu.

Diese und andere wichtige Themen der Astrologie sollen im Rahmen des vorliegenden Buches, in dem es speziell um ein Tierkreiszeichen geht, jedoch nicht weiter ausgeführt werden.

Wer sich mit all diesen interessanten Einzelheiten genauer beschäftigen möchte, findet dazu im Anhang einige Literaturempfehlungen. Ebenso kann ein Buch über Tierkreiszeichen keine persönliche Horoskopdeutung ersetzen. Selbst wenn Geburtstag und Mondzeichen einbezogen werden, fehlen für eine wirklich individuelle Interpretation wie gesagt noch zu viele Faktoren. Wer es aber ganz genau wissen möchte und ein exakt auf sich berechnetes und gedeutetes Horoskop wünscht, kann bei uns hierzu kostenlos und unverbindlich weiteres Informationsmaterial anfordern. Die Adresse finden Sie ebenfalls am Ende dieses Buches.

Individuelle Interpretation

Doch lassen Sie uns nun erkunden, was einen »typischen Steinbock« ausmacht. Beginnen wir damit, uns einmal anzuschauen, welch unterschiedlichen prominenten Menschen dieses Tierkreiszeichen gemeinsam ist.

Die Tierkreiskarte Steinbock des Malers Johfra

Paul Cézanne

Romy Haag

Bekannte Steinbock-Persönlichkeiten

Konrad Adenauer, Politiker
Joan Baez, Sängerin
Shirley Bassey, Sängerin
Humphrey Bogart, Schauspieler
David Bowie, Popstar
Arik Brauer, Maler und Grafiker
Paul Cézanne, Maler
John Denver, Popstar
Gérard Depardieu, Schauspieler
Friedrich Dürrenmatt, Schriftsteller
Federico Fellini, Regisseur
Jean Ferrat, Schauspieler
Theodor Fontane, Schriftsteller
George Foreman, Boxer
Benjamin Franklin, Politiker
Joe Frazier, Boxer
Frank A. Glahn, Astrologe und Okkultist
Hermann Göring, NS-Politiker
Franz Grillparzer, Schriftsteller
Grock (eigentl. Adrian Wettlach), Musikclown
Gustaf Gründgens, Schauspieler, Regisseur und Intendant
George Iwanowitsch Gurdjieff, Guru und Okkultist
Gregor Gysi, Politiker
Romy Haag, Transvestit und Entertainer(in)
Oliver Hardy, Schauspieler
Jacky Ickx, Autorennfahrer
Ben Johnson, Sportler
Hildegard Knef, Schauspielerin, Sängerin und Buchautorin

Annie Lennox, Popstar
John Lilly, Schriftsteller
Martin Luther King, Politiker und Geistlicher
Sri Ramana Maharishi, religiöser Führer
Mao Tse-tung, Politiker
Henri Matisse, Maler
Gustav Meyrink, Schriftsteller
Henry Miller, Schriftsteller
Willy Millowitsch, Volksschauspieler
Walter Mondale, Politiker
Muhammed Ali, Boxer
Isaac Newton, Mathematiker, Physiker und Astronom
Martin Niemöller, Theologe und Widerstandskämpfer
Richard Nixon, Politiker
Désirée Nosbusch, Schauspielerin und Entertainerin
Michel de Nostradamus, Astrologe
Louis Pasteur, Mediziner
Jeanne de Pompadour, Mätresse Ludwigs XV.
Elvis Presley, der King des Rock 'n' Roll
Herbert Reinecker, Kriminalschriftsteller
Alfons Rosenberg, Philosoph
Alfred Rosenberg, NS-Politiker und Publizist
Telly Savalas, Schauspieler
Mildred Scheel, Ärztin und Bundespräsidentengattin
Maria Schell, Schauspielerin
Helmut Schmidt, Politiker
Albert Schweitzer, Theologe und Missionsarzt

Martin Luther King

Elvis Presley

Emil Steinberger

Patti Smith, Popstar
Josef Stalin, Politiker
Emil Steinberger, Kabarettist
Stephen Stills, Musiker
Elizabeth Teissier, Astrologin
Alan Watts, Schriftsteller
Paramahansa Yogananda, religiöser Führer
Carl Zuckmayer, Schriftsteller

Der Steinbock – Daten und Symbole

21. oder 22. Dezember bis 19., 20. oder 21. Januar

 ♑

Qualität: weiblich-passiv, Yin
Element: Erde
4. kardinales Zeichen
Herrscher: Saturn ♄
Nebenherrscher: Uranus ⛢

Unterschiedliche Anfangstage

Der Steinbock ist das zehnte Tierkreiszeichen. Sein Beginn variiert von Jahr zu Jahr etwas und kann auf den 21. oder 22. Dezember fallen. Jeder, der an einem dieser Tage geboren wurde und nicht weiß, ob er noch Schütze oder schon Steinbock ist, kann dies der Tabelle »Von wann bis wann ist man ein Steinbock?« im Anhang entnehmen. Ebenso gibt es Überschneidungen am Ende des Zeitraums. In der Tabelle können Sie auch erkennen, ob Sie noch ein Steinbock oder schon ein Wassermann sind. Im Zweifelsfalle muß die Uhrzeit der Geburt bekannt sein. Diese ist am Standesamt des Geburtsortes niedergelegt und wird auf schriftliche Anfrage in aller Regel problemlos mitgeteilt.

Der Beginn des Tierkreiszeichens Steinbock ist auf die Sekunde genau identisch mit dem (astronomischen) Winteranfang, der zweiten Sonnenwende des Jahres. Allein dieser Umstand beweist schon, daß sich, wie am Anfang des Buches beschrieben, die Tierkreiszeichen aus dem Jahreslauf der Sonne herleiten und nicht von den gleichnamigen Sternbildern.

Sonnenwende

Das Tierkreiszeichensymbol wird gewöhnlich als das Gehörn des Steinbocks interpretiert. Dies ist jedoch eine Umdeutung. Die Wurzeln der westlichen Astrologie sind in Babylonien zu finden. Dort hieß unser Tierkreiszeichen Steinbock ursprünglich Ziegenfisch, ein Fabelwesen mit dem Unterleib eines Fisches und dem Oberkörper einer Ziege.

Dieses eigenartige Mischwesen sollte die Verbindung zwischen den größten Tiefen des Meeres (Fisch) und den höchsten Höhen der Berge (Ziege bzw. Steinbock) darstellen.

In psychologischer Hinsicht hatte man hier die Synthese aus Unbewußtem und Intellekt versinnbildlicht, lange bevor diese Begriffe geprägt wurden.

Im griechischen und im ägyptischen Sprachgebrauch wurde daraus dann der Einfachheit halber der Steinbock, und so ist es bis heute geblieben. Versuche mancher Astrologen, den alten Namen »Ziegenfisch« wiedereinzuführen, waren nicht erfolgreich. Allerdings ist noch heute im Symbol für das Steinbockzeichen der stilisierte Schwanz des Ziegenfisches zu erkennen.

»Ziegenfisch«

Der Ursprung dieser mythologischen Symbolik wird verständlich, wenn man sich verge-

genwärtigt, daß der Beginn dieses Zeichens mit der längsten Nacht des Jahres zusammenfällt. Von diesem Zeitpunkt an steht die Sonne um zwölf Uhr mittags jeden Tag ein wenig höher über dem Horizont, um zur Sommersonnenwende schließlich ihren höchsten Punkt zu erreichen. Auch astronomisch versinnbildlicht der Steinbock also eine Reise aus der größten Tiefe in die höchste Höhe.

Wenige Tage nachdem die Sonne ihren tiefsten Punkt erreicht hatte und abzusehen war, daß die Tage wieder länger werden würden, am 25. Dezember, feierten die Römer unter Kaiser Aurelian (214–275) das Fest der unbesiegten Sonne. Und seit dem Jahr 354 liegt das christliche Weihnachtsfest auf diesem Termin.

In der Steinbock-Phase erreicht die Natur in unseren Breiten ihre größte Starrheit. Früher mußte man mit den Wintervorräten haushalten, um nicht vor dem Frühling zu verhungern. Es war für viele Menschen eine Zeit der Einschränkung, der unfreiwilligen Askese und Not. Nur wer viel Ausdauer und Selbstdisziplin besaß, war in der Lage, eine solche Periode unbeschadet zu überstehen. Jeder Fehler konnte todbringend sein. Deshalb waren Konzentration, Selbst-

Einschränkungen

disziplin, Strenge und Gehorsam für das Überleben der Gemeinschaft wichtig. Solche starken Einschränkungen werden allerdings nur akzeptiert, wenn es für alle gültige strenge Regeln gibt, die als gerecht akzeptiert werden. All diese Eigenschaften werden auch heute noch mit dem Steinbock-Symbol assoziiert.

Saturn

Der Herrscher des Steinbocks ist der Saturn, der lichtschwächste und langsamste der klassischen Planeten. Er versinnbildlicht deshalb alle Dinge im Leben, die zu ihrer Vollendung Zeit, Geduld und Ausdauer benötigen. Umgekehrt kann man jedoch auch davon ausgehen, daß alles, was dauerhaften Bestand hat, sich unter der Beteiligung dieses Planetenprinzips formt.

Früher bezeichnete die traditionelle Astrologie den Saturn als »Malfortuna major«, das heißt als großes Unglück. Diese Sichtweise ist glücklicherweise überwunden, denn Saturn ist ein genauso notwendiges und nützliches Planetenprinzip wie die übrigen auch.

ᚾ

Dem Steinbock- und Saturn-Prinzip entspricht am besten die Not- bzw. Nauthiz-Rune, die unter anderem die traditionellen Bedeutungen »Not, Schicksal und Ende des Lebens« hat. Allerdings steht sie auch mit den Begriffen »Schicksal und Karma« in Verbindung. Die Nauthiz-Rune versinnbildlicht, daß jeder bekommt, was er verdient, im Guten wie im Schlechten. In diesem Sinne steht sie auch für höhere Gerechtigkeit. Die alte Sitte, nach der man Zeige- und Mittelfinger kreuzt, um Glück zu haben oder für eine Lüge nicht zur Verantwortung gezogen zu werden, geht ebenfalls auf diese Rune zurück.

»Typisch Steinbock« – Stärken und Schwächen der Steinbock-Persönlichkeit

Persönliche Stärken in Stichworten

Analysierend, arbeitsam, asketisch, ausdauernd, äußere Disziplin und Ordnung bei reichem Innenleben wahrend, beharrlich, beständig, diszipliniert, ehrgeizig, ernsthaft, fähig zur Selbstüberwindung, gesellschaftsorientiert, gewissenhaft, jugendlich im Alter (Prinzip des Konservierens), konservativ, konzentriert, langfristig planend, leistungsorientiert, logisch, nüchtern, objektiv, ordentlich, pflichtbewußt, planend, praktisch, prinzipientreu, rational, realistisch, seriös, sorgfältig, sparsam, standhaft, statusbewußt, strukturiert, systematisch, traditionsgebunden, überlegt, verantwortungsbewußt, vernünftig, versteckte Sinnlichkeit und Gefühlstiefe aufweisend, vorausdenkend, vorsichtig, zielstrebig, zuverlässig.

Ernsthaftigkeit

Persönliche Schwächen in Stichworten

Berechnend, egozentrisch, eigenbrötlerisch, frühreif in der Kindheit und Jugend, gefühlskalt, inflexibel, melancholisch bis depressiv, mißtrauisch, pedantisch, rigide, Tendenz zu Verhärtungen und Starrheit aufweisend, traditionsgebunden, unzugänglich, veränderungsunwillig.

Mißtrauen

Wer die Fernsehserie »Golden Girls« noch in Erinnerung hat, kennt die freundliche Karikatur eines weiblichen Steinbocks: die kernige Sophia, die sich bereits durch ihr Alter – sie ist die Älteste in der Damenwohngemeinschaft – als symbolische Vertreterin dieses Tierkreiszeichens zu erkennen gibt. Schließlich ist der Steinbock das Symbol der Langlebigkeit, und in der Tat erreichen viele seiner Vertreter ein fast schon biblisches Alter. Ein typisches Beispiel ist der erste deutsche Bundeskanzler Konrad Adenauer, der im Alter von 91 Jahren starb und bis zu seinem 87. Lebensjahr das Regierungsamt ausübte.

Langlebigkeit

Weitere Steinbock-Eigenschaften des Golden Girls Sophia sind sicherlich ihre Beharrlichkeit bis Sturheit und ihr an Trockenheit kaum zu überbietender Humor. Womit en passant eines der ältesten Vorurteile gegen dieses Zeichen Lügen gestraft wird: Steinböcke sind nicht humorlos, sie haben oft nur eine derart beiläufige und selbstverständliche Art zu scherzen, daß viele sie einfach übersehen oder besser gesagt überhören. Und wer's mitbekommt, ist nicht immer erfreut, handelt es sich doch meist um ironische und sarkastische Bemerkungen, die auch noch einige Anforderungen an die geistige Beweglichkeit des Gegenübers stellen. Aber der englische Humor ist schließlich auch nicht jedermanns Sache, und dennoch gibt es unbestreitbar ein großes Publikum, das sich auf diese Weise königlich amüsiert.

Humor

Der Asket

Der typische klassische Archetypus für den Steinbock ist sicherlich der des Asketen, des

Eremiten, des Alten vom Berge. Damit ist die schon legendäre Selbstdisziplin gemeint, über die erstaunlich viele Vertreter dieses Zeichens verfügen. Der Geist besiegt hier die Materie. Keine triebgesteuerten und unüberlegten Handlungen können die innere Klarheit trüben. Der weise Asket weiß, daß alles Irdische vergänglich ist und es unter diesem Blickwinkel töricht wäre, irgend etwas nachzujagen, nur um es dann sicher auch wieder zu verlieren. Beständige, unvergängliche Werte lassen sich doch nur im Geistigen finden, und sie zu erlangen erfordert Geduld, Beharrlichkeit und Ausdauer. Das Bild des Asketen deckt sich also weitgehend mit unserer Vorstellung eines ernsthaften Yogis, der sein ganzes Streben dem Erlangen der Erleuchtung widmet. Der Gegenpol dieses Archetypus sind die Satyrn, die schon durch den Namen auf ihre Verwandtschaft mit dem Herrscher des Steinbocks, dem Saturn, hinweisen. Diese Waldgeister waren in der griechischen Mythologie bocksbeinige Fruchtbarkeitsdämonen, sie galten als trinkfreudig, ausgelassen und gehörten zum Gefolge des Dionysos.

»Ein jedes Ding muß Zeit zum Reifen haben.«

(WILLIAM SHAKESPEARE)

Spannungen

Wie bei allen Tierkreiszeichen, so finden wir also auch hier eine Persönlichkeit im Spannungsfeld gegensätzlicher Pole, die einander dennoch bedingen und ergänzen wie die sprichwörtlichen zwei Seiten einer Medaille. So kann es zum Beispiel nur dann eine Überwindung der Triebhaftigkeit geben, wenn vorher überhaupt ein Trieb vorhanden war. Es wäre kaum eine Leistung, wenn man etwas aufgibt, was man sowieso nie besessen hat. Ebenso kann Geduld nur dann als Tugend aufgefaßt werden, wenn es auch eine Neigung zur Ungeduld gibt, die im Zaume gehalten wird. Anders ausgedrückt: Die hinlänglich bekannte *Selbstdisziplin* Selbstdisziplin der Steinböcke ist nur selten eine Gabe, mit der sie auf die Welt kommen, sondern etwas, das sie sich erst durch beharrliche Anstrengung erwerben. In welchem Umfang und auf welchem Niveau diese Fertigkeit erlangt wird, ist natürlich eine Sache der persönlichen Entwicklung. Der Grund, warum Vertreter dieses Tierkreiszeichens überhaupt an der Entwicklung von Selbstdisziplin und -beherrschung interessiert sind, ist eben die Erfahrung, daß sie sich mit emotionalen, spontanen und triebhaften Verhaltensweisen mehr Ärger als Vorteile einhandeln und dabei ihre langfristigen Ziele aus den Augen verlieren. *Ehrgeiz* Die Steinböcke haben sehr hochgesteckte Ziele im Leben, die sie weder aufgeben können noch wollen.

Ein junger, aufstrebender und ehrgeiziger Abteilungsleiter etwa, der durch cholerisches und ungerechtes Verhalten auffällt, der Mitarbeiter nach persönlichem Gutdünken einstellt und entläßt, ohne sie nach ihren tatsächlichen Leistungen zu beurteilen, und dazu noch dafür bekannt ist, daß er der weiblichen Belegschaft nachstellt, hat nur geringe Aussichten auf eine langfristige und erfolgreiche Karriere in diesem Unternehmen. Daß solche Verhaltensweisen bei unreifen oder weniger entwickelten Steinbock-Männern möglich sind, sollte bereits durch den am Anfang beschriebenen Archetypus der Satyrn deutlich geworden sein. In dieser Entwicklungsphase steckenbleiben werden allerdings nur solche Steinböcke, die nicht in der Lage sind, ein bestimmtes Niveau zu überschreiten, oder denen man jede Motivation genommen hat, sich »zu bessern«. »Ehrgeiz« ist allerdings ein Schlüsselbegriff für dieses Tierkreiszeichen, es wird sich kaum ein gesunder Steinbock finden, der nicht in mindestens einem Lebensbereich eine besondere Ambition entwickelt. In aller Regel wird dies der Beruf bzw. die Karriere sein. Je ausgeprägter der Ehrgeiz, um so früher lernen diese Menschen, sich unter Kontrolle zu haben und zu halten. Statt spontan zu reagieren, werden sie erst einmal überlegen. Statt sich anderen emotional oder aggressiv zu zeigen, werden sie sich um Sachlichkeit bemühen. Und anstatt sich am Arbeitsplatz den zweifelhaften Ruf eines Don Juan zu erwerben, werden sie in der Regel durch betont zurückhaltendes und korrektes Verhalten auffallen.

»Wer sein Herz dem Ehrgeiz öffnet, verschließt es der Ruhe.«

(CHINESISCHES SPRICHWORT)

Aus diesem Grund mögen sie später auf ihre Umgebung, insbesondere im beruflichen Bereich, unterkühlt und übertrieben »glatt« wirken. Selbst wenn sie sich umgänglich und freundlich geben, kann man sich manchmal des Eindrucks nicht erwehren, daß dies alles nur Fassade ist und mit ihren persönlichen Gefühlen nicht das geringste zu tun hat. Dieser Eindruck ist in aller Regel noch nicht einmal falsch. Doch wäre es ungerecht, ihnen deswegen Arroganz und Überheblichkeit zu unterstellen, wie es leider oft geschieht. Den-

Fassade

ken Sie daran: Diese Menschen haben zu *Erfahrung* einem frühen Zeitpunkt die Erfahrung gemacht, daß es ihnen hauptsächlich Ärger einbringt, wenn sie ihre Gefühle ungeschminkt zeigen oder spontanen Regungen nachgeben. Steinböcke wollen keinen Ärger, solange er sich auf irgendeine Art vermeiden läßt; Ärger ist unproduktiv und kostet Energie, die sich anderweitig sinnvoller nutzen läßt.

Erworbenes bewahren

Zu den größten Werten im Leben eines Steinbocks gehören Stabilität und Beständigkeit. So gesehen sind Steinböcke durchaus konservativ, denn schließlich bedeutet das lateinische Wort *conservare* nichts anderes als »bewahren«. Was ein Saturn-Geborener im Laufe seines Lebens erreicht hat, wurde viel zu mühsam erkämpft, als daß er bereit wäre, es leichtfertig aufs Spiel zu setzen. Hier ist er nicht anders als der Bergsteiger in der Wand, der sich ebenfalls nach jedem Meter gewonnener Höhe erneut sichert. Im Grunde ist dies das Geheimnis des Steinbock-Erfolges, denn kein Vertreter eines anderen *Kraft* Tierkreiszeichens kann es aus eigener Kraft so weit bringen. Steinböcke geben sich nicht mit Nebensächlichkeiten ab, und bei allem, was sie unternehmen, achten sie darauf, daß sie sich in die richtige Richtung bewegen, ohne ein unnötiges Risiko einzugehen. Und nach allem, was sie zurückgelegt haben, tragen sie auch dafür Sorge, daß sie nicht zurück können und nichts und niemand ihnen das Erreichte wieder nehmen kann. Ein weiterer Aspekt, der ihnen hilft, ihre Ziele zu erreichen, liegt darin: Sie verschwenden nichts, weder Zeit noch Geld, und sie bleiben am Ball. Es war wohl ein Steinbock, der einmal den Spruch erfand: »Wir haben keine Zeit zu verlieren, also machen wir langsam.« Damit ist gemeint, daß, wenn Vorhaben im ersten Anlauf, ohne Nachbesserungen und Korrekturen gelingen sollen, sie sehr sorgfältig in die Tat umgesetzt werden müssen. Das erfordert große Konzentration, und wer diese für eine Sache aufbringen will, kann dies eben nur in einer angemessenen Geschwindigkeit tun.

Sorgfalt

Steinböcken ist bewußt oder unbewußt klar, daß das Leben eine sehr gefährliche Angelegenheit ist. Erfolg kann von einem Tag auf den anderen schwinden, Besitz durch politische Entscheidungen oder ungeschickte Spekulationen verlorengehen. Immer kann es zu einem unerwarteten Einbruch auf scheinbar sicherem Boden kommen. Manche mögen Steinböcke ob dieser Einstellung für ängstlich oder übervorsichtig halten. Doch die Praxis gibt ihnen recht, denn niemand ist mit seiner Strategie auf Dauer erfolgreicher als sie. Steinböcke sind keinesfalls Schwarzseher oder Pessimisten, wie man vielleicht vermuten könnte und wie ihnen nur allzuoft unterstellt wird. Vielmehr sind die meisten von ihnen der Auffassung, daß nur jemand mit einer pessimistischen Sicht der Dinge ein Realist ist und nur ein Realist es sich erlauben darf, auch Optimist zu sein.

Manche Vertreter dieses Zeichens gelten als übertrieben sparsam oder sogar als geizig. Das ist sicherlich einseitig und übertrieben. Aber warum sollten sie zu anderen großzügiger sein, als sie es sich selbst gegenüber sind? Sie

Geiz

hassen jede Form von Verschwendung, und sie lehnen es ab, andere Menschen dabei zu unterstützen. Doch mit wirklichem Geiz hat dies nur in den seltensten Fällen zu tun. Wenn eines ihrer Kinder für seine Gesundheit eine spezielle Diät einhalten muß, die sündhaft teuer ist und nicht von der Krankenkasse bezahlt wird, kommen sie für die Kosten auf, ohne auch nur einmal mit der Wimper zu zucken. Entscheidend ist, ob Dinge notwendig sind. Ist dies der Fall, werden Vertreter dieses Zeichens sich selbst und anderen gegenüber mit Sicherheit nicht am falschen Ende sparen.

»Sparst du in der Zeit, dann hast du in der Not.«

(VOLKSWEISHEIT)

Ihr Erfolgsgarant ist ihre Effizienz. Steinböcke sind nicht immer die Schnellsten, und auch Originalität wurde nicht allen von ihnen in die Wiege gelegt, aber sie können mit ihrer Zeit und ihrer Energie besser umgehen als jeder andere. Niemand kommt so unbeschadet durch schlechte Zeiten wie sie, es scheint fast so, als hätten sie nur darauf gewartet. Das kommt natürlich einer üblen Nachrede nahe, aber wahr ist, daß sie tatsächlich immer auf alle erdenklichen Krisensituationen vorbereitet sind und oft nur ein irritiertes Kopfschütteln für Mitmenschen übrig haben, die völlig plan- und sorglos in den Tag hineinleben. In guten Zeiten ist es daher für sie ein leichtes, Reserven zu bilden.

Jugendlichkeit

Steinböcke wirken oft bis ins hohe Alter hinein ausgesprochen jugendlich, und fast immer besitzen sie eine ungewöhnlich zähe Konstitution. Die jugendliche Erscheinung mag auch auf ihre Sparsamkeit zurückzuführen sein: Ihre

Lebensenergie verschwenden sie ebensowenig wie alles andere und gehen mit ihr behutsam um. Viele Steinböcke gönnen sich dann im Alter die Eskapaden und Freiräume, die sie sich in ihrer Jugend und Lebensmitte versagt haben. Für die meisten von ihnen gilt, daß sie mit wachsendem Alter immer mehr Spaß am Leben haben.

Widerstandsfähigkeit

Steinböcke werden selten krank, denn sie sind meist ausgesprochen widerstandsfähig. Allerdings haben sie auch die Neigung, einmal erworbene Leiden nicht so schnell wieder loszuwerden, wobei ihre Sturheit und ihr mangelndes Vertrauen zu Ärzten sicherlich keine unerhebliche Rolle spielen. Insbesondere die Atmungsorgane und der Bewegungsapparat sind anfällig. Es besteht eine erhöhte Neigung zu Allergien an den Bronchien und rheumatischen Leiden, die die Gelenke betreffen.

Steinbock-Geborene spielen sich nicht gern in den Vordergrund, denn wer im Rampenlicht steht, ist auch das Opfer von Neid und Angriffen. Lieber ziehen sie im Hintergrund die Fäden. Sie haben keinen besonderen Hang zu übertriebener Selbstdarstellung, und exhibitionistische Neigungen sind ihnen völlig fremd. Bei Untergebenen und Bediensteten werden sie sich in der Regel knapp und sachlich äußern. Fremden und Vorgesetzten gegenüber ziehen sie es vor, sich freundlich und unverbindlich zu zeigen, ohne daß man sie auf einen klaren Standpunkt festnageln könnte. Sie haben nicht die Absicht, jemandem, den sie nicht kennen oder der mehr Macht als sie hat, auch nur irgendeine Angriffsfläche zu bieten.

Sachlichkeit

Selbst wenn es ihnen niemand anmerkt: In Freundschaften und Partnerschaften ist den Steinböcken die emotionale Seite, das Gefühl von Vertrautheit und Geborgenheit, am wichtigsten. Wem es gelingt, ihre Gefühle anzusprechen, der hat bei ihnen schon gewonnen. Doch das ist gar nicht so leicht, da sie sich nach außen hin oft große Mühe geben, den Eindruck zu erwecken, als wäre ihnen emotionale Bestätigung überhaupt nicht so wichtig. Sie müssen schon genau hinschauen, um festzustellen, ob sich ein Steinbock be- oder gar gerührt fühlt. Vielleicht zuckt er unmerklich mit dem Augenlid oder wechselt auffällig schnell das Thema. Allerdings gibt es auch ein sehr einfaches und untrügliches Merkmal, das in den meisten Fällen einen Hinweis darauf gibt: Wenn ihnen wirklich etwas unter die Haut geht, bekommen die meisten Steinböcke rote Ohren.

Emotionen

Das Steinbock-Kind

Steinbock-Kinder können andere Menschen mit einem seltsamen Phänomen bekannt machen: der scheinbaren Umkehrung der Zeit. Immer wieder wird behauptet, Neugeborene hätten etwas Greisenhaftes an sich. Auf viele Kinder trifft diese Theorie nicht zu, auf typische Jungsteinböcke schon. Auch in ihrer weiteren Entwicklung sind sie etwas eigenartig, was das Verhältnis zwischen äußerer Erscheinung und tatsächlichem Alter angeht.

Umkehrung der Zeit

Manchmal wirken sie wie kleine Erwachsene, die man versehentlich in Kinderkleidung gesteckt hat. Es gibt durchaus achtjährige Saturn-Kinder, die im Anzug mit Krawatte glaubwür-

diger aussehen als in ihrer Kinderkleidung.

All das ist jedoch kein Grund zur Beunruhigung, denn diese Tendenz verstärkt sich nicht mit den Jahren, wie manche besorgten Eltern befürchten mögen, sondern in nahezu allen Fällen erfährt sie eine merkwürdige Umkehr. Die meisten Steinböcke wirken mit den Jahren immer jünger. Sie sehen dann nicht nur so aus, sie werden sich auch meistens so verhalten.

Das war es, was ich mit der »Umkehrung der Zeit« meinte. Bis zum vierzigsten Lebensjahr werden diese Menschen älter wirken und auch oft aussehen, als es ihrem tatsächlichen Alter entspricht, danach wendet sich das Blatt. Die Gesichtszüge entspannen sich, die Bewegungen werden fließender, die Einstellungen toleranter. Beste Zukunftsaussichten, insbesondere natürlich für Steinbock-Damen, oder etwa nicht? Die beste Zeit der Steinböcke ist das Alter und nicht, wie manche fälschlich behaupten, Kindheit und Jugend. Das sollte Sie allerdings, falls Sie Saturn-Nachwuchs haben, keinesfalls davon abhalten, alles zu tun, damit Ihr Kind die schönste Zeit seines Lebens bei Ihnen verbringt.

Alter

Auf diese Kinder paßt oft die wenig schmeichelhafte Bezeichnung »altklug«. Doch ist dies eigentlich nicht das Problem der Jungstein-

> »Als Kind war ich gezwungen, ein Leben zu führen, das weit über mein Alter hinausging; jetzt habe ich die Ordnung auf den Kopf gestellt, und ich beabsichtige, unbegrenzt jung zu bleiben.«
>
> (MARY PICKFORD)

böcke, sondern eher das ihrer Umgebung. Was kann schließlich Ihr Kind dafür, daß es intelligenter ist als die meisten seiner Altersgenossen und als viele der Erwachsenen, daß es ernsthafter und konzentrierter ist als andere und daß es sich vielleicht schon im zarten Alter von zehn Jahren mit komplexen mathematischen Problemen auseinandersetzt? Es ist wohl eher ein Vorurteil der Erwachsenen, die von Kindern immer und grundsätzlich erwarten, daß diese laut, kindisch, albern und ein wenig dumm sind. »Echte« Kinder stellen dauernd Fragen, Steinbock-Kinder geben auch kluge Antworten. Wer ein solches Kind hat, sollte sich ein dickes Fell zulegen, um sich gegen die Vorwürfe der Erwachsenen in seiner Umgebung, man hätte etwas mit der Erziehung falsch gemacht, abgrenzen zu können. Als Erklärung für die Andersartigkeit Ihres Kindes wird man Ihre angeblich zu strenge Erziehung, die unzureichende Fürsorge oder was auch immer heranziehen. Daß Ihr Kind einfach so ist, überfordert das Vorstellungsvermögen des Durchschnittsmenschen. Sie werden also vermutlich eine Weile mit einem schlechten Image leben müssen.

Willensstärke

Steinbock-Kinder haben einen starken Willen und wissen meist genau, was sie wollen, ohne es deswegen gleich an die große Glocke zu hängen. Die Tendenz, mit Geschrei und Gezeter ihre Interessen durchzusetzen oder es zumindest zu versuchen, geben diese Kinder schneller auf als alle anderen. Sie sind einfach zu stolz, und sie kennen sehr schnell effektivere Wege, um zu bekommen, was sie wollen. Einer davon ist Hartnäckigkeit.

Hartnäckigkeit

Ich lebe mit einer kleinen Katze als Haustier, die in diesem Tierkreiszeichen geboren ist. Ein ausgesprochen liebenswürdiges und unaufdringliches Tier. Eines Tages entdeckte sie, daß mein Schreibtischstuhl ganz hervorragend für die Katzensiesta geeignet ist, die bekanntlich an manchen Tagen von morgens um sechs bis nachts um vier geht. Wann immer ich sie von dem Stuhl verscheuchte, um meine Arbeiten erledigen zu können, räumte sie widerstandslos das Feld. Sobald ich allerdings auch nur eine Minute das Zimmer verließ, etwa um mir eine Tasse Tee zu holen, hatte sie »ihren« Platz auch schon wieder eingenommen. Es dauerte sechs Monate, bis ich nachgab. Inzwischen habe ich meinen Schreibtischstuhl dem Tier überlassen und für mich einen neuen besorgt, beide stehen nebeneinander, so daß wir gleichzeitig unseren Beschäftigungen nachgehen können. An meinem neuen Stuhl zeigt die Katze keinerlei Interesse; das ist ja schon etwas. Nicht zuletzt der Beweis, daß es nicht um Neid oder Schikane, sondern um die Sache ging.

Ausdauer

Wer sich fragt, was das Ganze mit Steinbock-Kindern zu tun haben soll, beweist damit nur, daß er keines kennt. Was ein Jungsteinbock besitzen möchte, das bekommt er auch, garantiert. Vielleicht nicht sofort, aber er wird es erhalten. Er kann warten, bis seine Zeit gekommen ist, und seine Ausdauer ist allemal größer als Ihr Widerstandsvermögen, Sie sollten es also gar nicht erst auf einen Machtkampf ankommen lassen, die Demütigung würde Ihrem Selbstwertgefühl nur einen unnötigen Knacks geben.

Falls Ihr Steinbock-Kind auf Sie hört und gehorsam nachgibt, sollten Sie sich nicht allzuviel auf Ihre Autorität und Ihre pädagogischen Fähigkeiten einbilden, die Wahrscheinlichkeit ist hoch, daß ihm die Sache einfach nicht besonders wichtig war.

Systematiker

Steinbock-Sprößlinge sind Systematiker. Schon früh beginnen sie damit, ihr Leben zu organisieren. Sie lieben es, sich auszudenken, wie man das Leben einfacher, übersichtlicher und effektiver gestalten könnte. Ich weiß von einem Saturn-Kind, welches, kaum daß es Lesen und Schreiben gelernt hatte, an seiner eigenen Variante der »Rechtschreibreform« arbeitete: Seiner Meinung nach hatten die Buchstaben zu viele Striche, was das Schreiben unnötig langwierig und mühsam machte. Mit Feuereifer ging es an die Arbeit und optimierte Buchstabe für Buchstabe. Nach wenigen Monaten war es so weit, daß es deutlich schneller schreiben konnte als seine Klassenkameraden. Doch leider war niemand außer ihm in der Lage, seine Schrift zu lesen, obwohl es ausgesprochen sauber schrieb. Inzwischen ist dieser Steinbock hochbezahlter Spezialist für Verschlankung von Unternehmensstrukturen. Kaum jemand ist so erfolgreich darin, durch Rationalisierungen Kosten einzusparen, wie er.

Die Steinbock-Frau

Die typische Steinbock-Frau fällt nicht unbedingt und immer auf den ersten Blick auf. Das ist auch nicht ihre Absicht. Sie spielt lieber

Unauffälligkeit

ihre Karten im günstigsten Moment aus, als sich sofort auf dem Silbertablett zu präsentieren. Häufig wird sie sich zurückhaltend oder sogar ein wenig blaustrümpfig geben. Sie möchte tatsächlich, daß man sie in erster Linie als Persönlichkeit und wegen ihrer fachlichen Kompetenz schätzt, denn Steinbock-Frauen üben fast immer einen Beruf aus, und sie sind ehrgeizig. Oft lieben sie es, sich am Arbeitsplatz regelrecht zu tarnen. Sie schminken sich dann kaum und bevorzugen ein klassisch-unauffälliges Outfit. Mit ihren streng zurückgekämmten Haaren und der Bibliothekarinnenbrille werden sie wohl kaum männliche Aufmerksamkeit auf sich ziehen. So mancher Kollege wird seine Ansicht umgehend ändern, wenn er eine solche Steinbock-Dame zufälligerweise in seiner Freizeit wiedersieht – etwa in einer Diskothek. Vermutlich wird er erst einmal Probleme haben, sie überhaupt zu erkennen, um dann den Rest des Abends irritiert darüber nachzudenken, wie aus der grauen Arbeitsmaus dieser exotische Flamingo werden konnte.

Verwandlungsfähigkeit

Die Steinbock-Frau liebt es eben, sich in ihrer Erscheinung und Einstellung perfekt den Umständen anzupassen. Das kann sie besser als jede andere. Falls sie einmal aus der Rolle fällt und sich dem Anlaß unangemessen verhält oder kleidet, können Sie ruhig davon ausgehen, daß dies Absicht war und sie genau weiß, was sie damit bezweckt. In dieser Hinsicht überläßt eine Steinbock-Dame kaum etwas dem Zufall.

Sie kann äußerst weiblich und charmant sein und so flirten, daß ihr Gegenüber vor Aufregung zu stottern anfängt. Wenn es sein muß, ist sie dabei durchaus berechnend. Schließlich ist sie nicht dumm und weiß, daß für manche Männer ein tiefes Dekolleté ein überzeugenderes Einstellungsargument ist als ein gutes Abschlußzeugnis. Wenn sie mit solchen Herren zusammenarbeiten müssen, werden nur wenige Steinbock-Frauen Hemmungen haben, die sogenannten »Waffen einer Frau« einzusetzen. Objektive Bewertungskriterien sind ihnen allerdings allemal lieber.

Weiblichkeit

Das Gerücht, dem zufolge Steinbock-Frauen unweiblich seien, ist hiermit hoffentlich aus der Welt geschafft. Tatsächlich trifft eher das Gegenteil zu: Sie strahlen oft eine Weiblichkeit aus, die manchen Männerphantasien durchaus entgegenkommt. Die typische Steinbock-Frau ist sanft, empfindsam und sachlich. Sie benutzt lieber ihren Kopf, bevor sie sinnlos streitet. Sie spricht meist ruhig, überlegt und leise. Sie ist durchaus in der Lage, eine befristete Affäre von einer Romanze zu unterscheiden. Und mancher Mann, der mit ihr ein Liebesabenteuer beginnt, wird die Konsequenz zu spüren bekommen, mit der sie ihr Herz unter Verschluß hält, wenn sie einmal beschlossen hat, aus einer Sache nichts Ernstes werden zu lassen.

Abenteuer

Viele Saturn-Frauen sind durchaus offen für ein unverbindliches Abenteuer, vor allem dann, wenn sie ihren Lebenspartner noch nicht gefunden haben. Ihr Interesse an Sexualität ist sehr viel größer, als die meisten vermuten würden, und in den passenden Situationen kann die Steinbock-Frau eine Leidenschaftlichkeit entwickeln, die manche Männer deutlich überfordert. Voraussetzung für all dies sind jedoch äußerste Diskretion und Stil. *Diskretion* Sie hat eine Menge dagegen, wenn sich der junge Mann, mit dem sie vielleicht ein paar Schäferstündchen verbracht hat, lauthals vor seinen Kollegen mit seiner Eroberung brüstet. Besteht ihrer Meinung nach auch nur der geringste Verdacht, sich mit einer solchen Plaudertasche abgeben zu müssen, läßt sie sich erst gar nicht auf einen engeren Kontakt ein. Aus diesem Grund wird sie auch nach Möglichkeit darauf verzichten, ein Verhältnis mit einem Kollegen einzugehen. Da Steinbock-Frauen beruflich oft ungewöhnlich engagiert sind und dementsprechend wenig Privatleben haben, ist das nicht immer eine leichte Aufgabe.

So viele Steinbock-Frauen üben einen Beruf aus, daß man meinen könnte, Liebe und Ehe kämen bei ihnen eher an zweiter Stelle. Die Ziele des Steinbocks sind Sicherheit, Autorität und Ansehen. Das bezieht sich sowohl auf den Beruf als auch auf eine feste Beziehung. Steinböcke beiderlei Geschlechts lieben es, wenn die Dinge ihre Ordnung haben, gerade auch im Gefühlsleben. Deshalb halten sie viel von der Ehe. Doch nur wenigen dieser Frauen wird die Rolle der Hausfrau und Mutter uneingeschränkte Erfüllung geben. Sie erwarten mehr von sich und ihrem Leben. Auf die eine oder andere Art muß und wird die Steinbock-Frau die nötige Anerkennung finden. *Anerkennung* Falls sie keinen Beruf ausübt, wird sie sich ein anspruchsvolles Hobby suchen oder ehrenamtlichen Tätigkeiten nachgehen.

Jeder, der eine persönliche Beziehung zu einer Steinbock-Frau unterhält oder anstrebt, sollte eines über dieses Tierkreiszeichen wissen: Eine Saturn-Dame scheint meist ausgeglichener und gefühlsmäßig beherrschter zu sein, als sie es in Wirklichkeit ist. Vielleicht wirkt sie wie der Fels in der Brandung, aber dieser Eindruck täuscht. In Wahrheit ist sie ein empfindlicher, sensibler und sehr verletzlicher Gefühlsmensch, der sich große Mühe gibt, sich dies nicht anmerken zu lassen. Männer, die behutsam auf ihre gutgetarnten Gefühle eingehen, haben ihr Herz schon fast gewonnen und wesentlich bessere Chancen als markige Möchtegernmachos.

»Mehr sein als scheinen.«
(ALFRED VON SCHLIEFFEN)

In festen Beziehungen und in der Ehe verhält sich die typische Steinbock-Frau sehr traditionell, zumindest wenn sie über ein gesundes Selbstbewußtsein verfügt. Es macht ihr nichts aus, daß ihr Partner in der Öffentlichkeit der Größte, Tollste und Klügste ist, solange sie die Fäden in der Hand hat. Sie weiß genau, daß sie viel wirkungsvoller ihren Einfluß geltend machen kann, wenn niemand weiß, über wieviel Macht sie in Wirklichkeit verfügt. Das ist ihr allemal lieber, als ihren Partner Dritten gegenüber als Pantoffelheld dastehen zu lassen.

Aber ihre Liebe kann auch völlig uneigennützig sein. Oft genug kommt es vor, daß sie all ihre Tricks einsetzt, damit ihr Partner die Karriere macht, die für ihn die geeignetste ist. Nicht immer liegt ihr dabei das Prestige, der gesellschaftliche Status oder einfach das Geld am Herzen. Manchmal möchte sie einfach etwas Gutes tun und mithelfen, daß der Mann, den sie liebt, die Position erreicht, die er ihrer Meinung nach verdient hat.

Der Steinbock-Mann

Unnahbarkeit

Manchmal wirkt er ein wenig unnahbar oder sogar scheu. Das kann nur drei Gründe haben: Entweder befindet er sich in einer Situation oder einer Umgebung, in der er sich unsicher fühlt, oder er interessiert sich einfach nicht für Sie, er interessiert sich sogar sehr für Sie. In allen anderen Fällen ist es mit der vielbeschworenen Schüchternheit der Steinbock-Männer weniger weit her, als oft behauptet wird. Im Gegenteil: Viele von ihnen sind exzellente Charmeure, hervorragende Unterhalter oder sogar regelrechte Spaßvögel. Auch wenn sie ein strenges, pflichtbewußtes Gesicht aufsetzen und die Humorlosigkeit gepachtet zu haben scheinen – das ist nur ihr offizielles Gesicht, und sie verhalten sich nicht immer so.

Zügellosigkeit

Kein Vertreter eines anderen Tierkreiszeichens hat eine so ausgeprägte Neigung, über die Stränge zu schlagen, wie ein Steinbock. Da es hier nur selten um harmlosen Schabernack geht, sind die Erfahrungen in der Kindheit und Jugend ziemlich ernüchternd. Steinböcke mußten teures Lehrgeld bezahlen, und sie haben ihre Lektion gelernt. Das heißt nicht, daß sie sich geändert hätten, sie passen nur besser auf, und sie nehmen sich nach außen hin mehr zusammen. Wer die Gelegenheit hat, sie von ihrer privaten Seite kennenzulernen, meint eventuell zunächst, es mit einem völlig anderen Menschen zu tun zu haben.

Insgeheim sehnen sich Steinbock-Männer nach echter Anerkennung. Um ganz ehrlich zu sein: Es gibt schwerlich etwas im Umgang mit Menschen, was ihnen wichtiger sein könnte.

Meist tun sie zwar so, als ob sie Lob nur passend für sentimentale Schwachköpfe finden. Sie geben sich wirklich große Mühe, mit dieser Einstellung glaubwürdig zu erscheinen – nicht zuletzt dadurch, daß man nur selten von ihnen ein anerkennendes Wort zu hören bekommen wird. Erhält der Steinbock Komplimente, wird er meist darüber hinweggehen, als ob gar nichts gesagt worden wäre. In Wahrheit ist dies sein Lebenselixier, und wer den Trick einmal durchschaut hat, kann mit den Gefühlen solch eines Mannes spielen wie die Katze mit der Maus. Beinahe jedenfalls, denn bei ernsthaftem Mißbrauch wird ein Steinbock-Mann den jeweiligen Menschen aus seinem Leben entfernen wie eine Warze, die man sich herausoperieren läßt. Eine der ausgesprochen beeindruckenden Fähigkeiten des Steinbocks ist der unvermittelte Rückzug. Meist ist dieser endgültig, und Sie sollten nicht erwarten, erneut Vertrauen entgegengebracht zu bekommen.

»Und Roß und Reiter sah ich niemals wieder.«

(FRIEDRICH SCHILLER)

Treue

Steinbock-Männer sind treue Seelen. Wenn sie kommentarlos in der Versenkung verschwinden und nicht mehr auftauchen, hat das immer einen sehr triftigen Grund. Meist werden sie sich verletzt fühlen. Das Austragen von Streitereien, erst recht wenn es um Gefühle geht, ist ihre Sache nicht, sie lösen das Problem auf ihre Art: Sie brechen den Kontakt einfach ab.

Ihre nach außen meist ruhige Fassade erfordert einen zweiten oder dritten Blick, um zu erkennen, wie es in diesen Menschen brodelt. Manchmal erkennen Sie es aber direkt: Wenn

Sie einen Steinbock-Mann zu Gast haben und Sie sich fragen, was in Ihrem Zimmer so klappert: Riskieren Sie mal einen unauffälligen Blick unter den Tisch, vermutlich werden Sie feststellen, daß er mit einem Fuß so heftig wippt, als ob er Geld dafür bekäme.

Sein von Saturn beeinflußtes Temperament verlangt von ihm ein zumindest äußerlich ruhiges Verhalten, praktische Tätigkeit und feste Prinzipien. Oft hat er unter seinem Verantwortungsgefühl zu leiden, das ihm einfach keine Ruhe lassen will. Er überlegt es sich dreimal, bevor er irgend etwas zusagt, denn jedes Versprechen, das er nicht halten konnte, ist ein schwarzer Fleck auf seiner Seele. Zumindest sieht er das so, und es belastet ihn. Für die Menschen, die mit einem Steinbock-Mann zu tun haben, hat dies natürlich einen unschlagbaren Vorteil: Man kann auf ihn zählen. Und das ist in einer Zeit, in der Unzuverlässigkeit und Worthülsen sich stark verbreitet haben, doch schon eine ganze Menge.

Verantwortung

Steinbock-Männer sind, was ihre Persönlichkeit – nicht ihre Intelligenz – angeht, Spätentwickler. In ihrer Jugend sind sie meist ernsthaft bis zur Verbissenheit, und sie werden einige echte Sünden begehen müssen, um hierfür einen Ausgleich zu schaffen. Wenn sie älter sind, werden sie lockerer, um dann im Alter ein herrlich infantiler Spaßvogel zu sein, der sich um Konventionen den Teufel schert. Wenn sich einer mit Konventionen auskennt, dann ist es schließlich der Steinbock. Ein Leben lang hat er sich doppelt und dreifach soviel darum gekümmert wie andere, da darf er sich jetzt eine Auszeit gönnen.

Konventionen

Steinbock-Männer stehen im Ruf, besonders treu und zum Ausgleich schlechte Liebhaber zu sein. Die gute und die schlechte Nachricht ist: Keincs von beiden stimmt. Zwar sind fast alle Familienmenschen, die meisten lieben die Ordnung viel zu sehr und heiraten schon aus diesem Grund. Solange die Beziehung funktioniert, werden sie auch bei ihrer Frau bleiben und wahrscheinlich zwei Kinder in die Welt setzen, die sie abgöttisch lieben, solange sich jemand anderes um ihre Erziehung kümmert.

Ordnungsliebe

Doch ihr fast immer heftig unterschätzter Trieb und ihr nie endendes Bedürfnis nach Selbstbestätigung machen sie für erotische Abenteuer ausgesprochen empfänglich. Wenn sich ihnen eine Gelegenheit bietet, werden sie diese wohl auch nutzen. Natürlich sind nicht alle Steinbock-Männer so: Manche disziplinieren auch ihre Triebe bis hin zur Selbstverleugnung. An ihren Phantasien und Bedürfnissen ändert dies allerdings rein gar nichts.

Die Bedeutung des Geburtstages

Das folgende Kapitel behandelt die einzelnen Geburtstage, die in Gruppen von jeweils drei Tagen zusammengefaßt sind. Dies erlaubt eine wesentlich persönlichere Deutung, als es über das Tierkreiszeichen allein möglich wäre. Wenn Sie die Aussagen zu den jeweiligen Geburtstagen mit dem, was Sie über das Tierkreiszeichen Steinbock gelesen haben, kombinieren, werden Sie die Steinbock-Persönlichkeit mit Sicherheit noch besser getroffen finden.

Ergänzender Hinweis: Die in den Geburtstagsgruppen gemachten Aussagen leiten sich von den sogenannten »Kritischen Graden« ab. Diese kommen in unterschiedlicher Häufigkeit über den gesamten Tierkreis verteilt vor. Wenn Sie also – etwa beim gründlichen Vergleich verschiedener Bände aus dieser Reihe – zu unterschiedlichen Daten den gleichen Text vorfinden sollten, ist dies kein Fehler, sondern Absicht. Bei diesen Menschen stand die Sonne zum Zeitpunkt der Geburt eben auf dem gleichen »Kritischen Grad«.

21. bis 23.12. (29 Grad Schütze bis 1 Grad Steinbock)

Viele Menschen, die an einem dieser Tage geboren wurden, haben ein besonderes Interesse an gesellschaftlichen und sozialen Themen. Sie denken deshalb häufig in politischen Dimensionen. Dies zeigt sich sowohl im Beruf als

Politisches Interesse

auch im privaten Bereich. Diese Konstellation ist meist ein deutliches Zeichen dafür, daß man sich nur schwer mit der Ungerechtigkeit in der Welt abfinden kann. Die Betreffenden glauben fest an das Gute im Menschen und an die Möglichkeit, soziale Mißstände endgültig abzubauen. Sie engagieren sich deshalb für diesbezügliche Ziele, indem sie zum Beispiel Berufe aus dem sozialen Bereich ergreifen oder mit anderen Mitteln soziale Projekte unterstützen.

Gutgläubigkeit

Falls eine Beziehung zu den persönlichen Punkten im Horoskop besteht, insbesondere zu Aszendent oder Medium Coeli, so weist das auf die Fähigkeit hin, aktuelles Zeitgeschehen durch die eigene Persönlichkeit und das, was sie hervorbringt, widerzuspiegeln. Das heißt, Menschen mit dieser Konstellation, die wie gesagt auch bei anderen Sonnenzeichen auftreten kann, sind vor allem »Kinder ihrer Zeit«. So wie zum Beispiel John Lennon in seinen Liedern, seinem Habitus und seiner äußeren Erscheinung der exemplarische Vertreter der Hippies war, als deren Sprachrohr er ja auch eine Zeitlang fungierte, so verkörperte etwa Marlene Dietrich das idealisierte Frauenbild der Kriegsgeneration.

Prominente Beispiele

Diese Konstellation bietet die Chance, ein ausgeglichenes Verhältnis zwischen Großzügigkeit und Verantwortungsgefühl den eigenen Reserven gegenüber zu erreichen. Die Betreffenden sind im Rahmen ihrer Möglichkeiten großherzig gegenüber allen, die ihre Unterstützung brauchen, aber sie versprechen nichts, was sie nicht halten können. In der Regel fühlen sie sich in der sozialen Umgebung, in der sie leben, recht wohl. Dementsprechend sehen sie auch keinen Grund, daran etwas zu ändern.

Versorgungsmentalität

In manchen Fällen besteht bei dieser Konstellation die Gefahr einer Versorgungsmentalität. Gerade weil der Betreffende erwartet, daß sich die Gesellschaft um alles kümmert, verspürt er kaum Motivation, einen eigenen Beitrag zu leisten, sondern konzentriert sich darauf, soviel Vorteile wie möglich für sich selbst herauszuschlagen. Daß er hiermit letztlich auf Kosten anderer lebt, übersieht er dabei gern. Auch wenn eine derartige Einstellung glücklicherweise die Ausnahme ist, so schadet es doch nicht, gelegentlich darüber nachzudenken, daß es nicht allen Menschen in unserer Gesellschaft gutgeht und daß jeder von uns letztlich dafür mitverantwortlich ist. Wer sich immer dann nicht zuständig fühlt, wenn es darum geht, sozial Benachteiligten beizustehen, braucht sich nicht zu wundern, wenn er selbst einmal nicht die Hilfe erhält, die er eigentlich bräuchte. In der Regel haben diese Menschen jedoch ein ausgeprägtes Gerechtigkeitsempfinden, das sie sogar geeignet macht, als Schlichter in Streitigkeiten zu vermitteln.

24. bis 26.12. (2 bis 4 Grad Steinbock)

Empfindsamkeit

Wer an einem dieser Tage geboren wurde, gehört zu den empfindsamsten Vertretern seines Tierkreiszeichens. Es gibt kaum eine Regung in seiner Umwelt, die ihm entgehen könnte. So wissen die Betreffenden auch über das, was in ihrem Partner vor sich geht, oft schneller und besser Bescheid als er selbst. So schön es für diesen ist, mit jemandem zusammenzusein, der ihn blind versteht und entsprechend auf ihn eingehen kann, hat diese Konstellation doch nicht nur Vorteile: Schließlich hat jeder seine kleinen Geheimnisse, die er gern für sich behalten möchte. Wer sich permanent durchschaut fühlt, reagiert auch einmal mit deutlichem Unbehagen oder wird sogar regelrecht wütend. Die in diesen Tagen Geborenen fühlen sich durch solche Reaktionen zu Recht verletzt und gekränkt, schließlich können sie nichts für ihren Spürsinn, und sie haben es nur gut gemeint. So lernen diese Geburtstagskinder früh, ihre Fähigkeiten, so gut es geht, vor anderen und schließlich sogar vor sich selbst zu verstecken.

Selbstunterschätzung

Viele Menschen mit dieser Konstellation unterschätzen sich und ihre Fähigkeiten. Häufig ist die Ursache hierfür im Elternhaus zu suchen, wo vielleicht zuwenig Nestwärme vorhanden war oder – was oft der Fall ist – zuviel Kritik geübt wurde. Das Resultat ist leider in vielen Fällen eine überkritische Einstellung sich selbst gegenüber: Niemals ist man mit sich und dem, was man erreicht hat, zufrieden. In – glücklicherweise seltenen – Extremfällen kann das in einem regelrechten Selbsthaß gipfeln, der jede Lebensfreude im Keim erstickt. Insbesondere bei Frauen kann dies sogar zu gesundheitsschädlichen Eßstörungen führen. In Freundschaften und Beziehungen ist es deshalb für die an diesen Tagen Geborenen besonders wichtig, daß man ihnen Anerkennung und emotionale Unterstützung entgegenbringt. Wenn sie spüren, daß sie wirklich gemocht und akzeptiert werden, kennt ihre Dankbarkeit kaum Grenzen, auch wenn sie sich das selbst vielleicht nicht eingestehen können. Aus Angst, verletzt

Eßstörungen

zu werden, fällt es ihnen oft schwer, anderen zu zeigen, was sie empfinden. Ist das Eis dann gebrochen, sind sie ausgesprochen stürmisch und leidenschaftlich. Allerdings dauert es recht lange, bis sie einem anderen Menschen uneingeschränkt vertrauen, und der kleinste Mißklang kann dazu führen, daß sie sich wieder in ihr Schneckenhaus zurückziehen. Ihr Gefühlsleben gleicht manchmal einer Achterbahn, in der Niedergeschlagenheit unmittelbar in Begeisterung umschlägt und umgekehrt.

Leidenschaft

Sie lieben es sehr, aktiv zu sein, sind meist sportlich und ehrgeizig. Solange ihnen ihre Stimmungsschwankungen nicht in die Quere kommen, können sie in kurzer Zeit Außergewöhnliches leisten. Sogar harte Arbeit kann ihnen Spaß machen und Selbstbestätigung geben.

So vorsichtig sie auch normalerweise vorgehen, in wichtigen Lebenssituationen neigen sie zu vorschnellen Entscheidungen, dies gilt sowohl für den Beruf als auch für Partnerschaften. Oft kostet es viel Kraft und Ausdauer, einmal gemachte Fehler zu korrigieren. Zum Glück haben sie von beidem mehr als genug.

Aufgaben

Viele Menschen mit dieser Konstellation besitzen unentdeckte künstlerische, ästhetische und organisatorische Fähigkeiten, die sie fördern und entwickeln sollten. Auf diese Weise können sie einen Ausgleich zu ihren alltäglichen Belastungen schaffen.

27. bis 29.12. (5 bis 7 Grad Steinbock)

Menschen, die an einem dieser Tage geboren wurden, haben Großes im Leben vor, und meist erreichen sie es auch. Freunde, Partner, Verwandte und Konkurrenten können keinen größeren Fehler begehen, als diese Menschen zu unterschätzen. Im Glücksfall werden sie angenehm überrascht ihre Meinung ändern, im schlimmsten Fall ihre Fehleinschätzung bitter bereuen. Viele der in diesem Zeitraum Geborenen besitzen einen besonders ausgeprägten Geschäftssinn, nichts macht ihnen mehr Freude als kaufen und verkaufen. Die größte Schwierigkeit bei ihren hochfliegenden Plänen ist die schmerzhafte, aber unvermeidliche Einsicht, daß man bei allen Dingen im Leben am Anfang beginnen muß. Dabei stecken sie voller Ideen, was sie alles machen werden, wenn sie erst einmal »oben« sind. Ihr Problem ist nicht, ihr Ziel aus den Augen zu verlieren – das haben sie ständig vor sich –, sondern die Mühe auf sich zu nehmen, all die kleinen, mühseligen Schritte dorthin zu unternehmen. Eigentlich fühlen sie sich ja zu Höherem berufen. Die größte Falle ist für sie daher, sich für die notwendigen Lehrjahre zu fein zu sein. Menschen, die diesen Fehler begehen, bleibt nichts als ihre große Vision – an eine Verwirklichung ist nicht mehr zu denken.

Geschäftssinn

Beeindruckend sind ihre Überzeugungskraft und ihr Charme. Diese Kombination macht sie für viele regelrecht unwiderstehlich, so daß es ihnen so gut wie immer gelingt, Mitstreiter für ihre Projekte zu gewinnen.

Im Umgang mit anderen sind diese Menschen großzügig und tolerant, solange niemand ihren Führungsanspruch in Frage stellt. Wer dies probiert, kann unter Umständen sein blaues Wunder erleben. Sobald man versucht, ihnen die Butter vom Brot zu nehmen, kämpfen sie wie die Löwen, und sie verlieren so gut wie nie.

Toleranz

Ihre oft außerordentlichen Fähigkeiten und ihre Wirkung auf andere können zu Überheblichkeit und Selbstüberschätzung führen, eine der größten Gefahren dieser Konstellation. Dann werden Risiken eingegangen, die in Extremfällen mit einer Katastrophe enden können. Deshalb sind für sie Freunde und Partner wichtig, die sie nicht nur hemmungslos bewundern, sondern ihnen durch konstruktive Kritik helfen, »auf dem Teppich« zu bleiben.

Überheblichkeit

Viele Menschen mit dieser Konstellation haben eine besondere Affinität zum Ausland. Sei es, daß sie so oft wie möglich in die Ferne reisen, sei es, daß sie berufliche Verbindungen zum Ausland haben oder daß Freunde, vielleicht auch der Partner aus einem anderen Kulturkreis stammen.

Leber, Dickdarm und Zähne sind bei vielen von ihnen ein Schwachpunkt. Sie sollten deshalb zurückhaltend im Alkoholkonsum sein und auf eine gesunde Ernährung achten.

30.12. bis 1.1. (8 bis 10 Grad Steinbock)

Wer an einem dieser Tage geboren wurde, hat oft ein außergewöhnliches Kommunikationstalent. Viele dieser Menschen reden oft und gern. Da sie in der Tat etwas mitzuteilen haben und dabei auch noch unterhaltsam und amüsant sein können, hört man ihnen meist bereitwillig zu. Nicht immer und nicht allen gelingt es allerdings, das richtige Maß einzuhalten, so daß mancher übersieht, daß sein Gegenüber gelegentlich ebenfalls gern einmal etwas sagen würde.

Kommunikationstalent

Unter den Menschen mit dieser Konstellation finden sich häufig geborene Lehrer: Kein anderer kann so gut schwierige Zusammenhänge allgemeinverständlich erklären. Ihre Begeisterung für ein Thema ist dabei durchaus ansteckend, so daß ihre Schüler auch tatsächlich bei der Sache sind und nicht nur gelangweilt das Ende der Stunde abwarten.

Vorliebe für das Schreiben

Diejenigen unter ihnen, die keine solchen Kommunikationsathleten sind, haben häufig eine Vorliebe für das Schreiben, gleichgültig, ob es sich dabei um Briefe, das Tagebuch, Gedichte oder einen Roman handelt.

Besser als die meisten anderen Menschen sind sie in der Lage, Gefühle auszudrücken und sich in das Seelenleben anderer hineinzuversetzen. So nimmt es nicht wunder, daß, wer in ihrer Umgebung Kummer hat, bei ihnen Verständnis und Trost sucht. Da sie immer bereit sind, anderen zu helfen, bleibt ihnen häufig kaum noch genügend Raum für ihr Privatleben. Oft bedarf es deutlicher Worte des Partners oder enger Freunde, damit sie lernen, sich ausreichend abzugrenzen.

So gut wie alle Menschen mit dieser Konstellation besitzen eine außergewöhnliche geistige Beweglichkeit und eine hohe Intelligenz.

2. bis 4.1. (11 bis 13 Grad Steinbock)

Typische Vertreter

Menschen, die an einem dieser Tage geboren wurden, sind die typischsten Vertreter ihres Zeichens. Die meisten von ihnen sind regelrechte Glückskinder. Was sie anpacken, gelingt ihnen auch so gut wie immer. Die Schwierigkeiten in ihrem Leben scheinen nur dafür dazusein, daß sie sich beweisen können, daß es kaum etwas gibt, mit dem sie nicht fertig werden. Diese Menschen brauchen regelrecht große Herausforderungen, um sich selbst zu bestätigen und an ihnen zu wachsen. Ein Leben, das allzusehr in überschaubaren Bahnen verläuft, gibt ihnen nicht das Gefühl von Sicherheit, statt dessen langweilen sie sich schlicht zu Tode. Mancher geht in solchen Situationen unnötige Risiken ein. Das können gefährliche Sportarten, der Hang zu Glücksspiel oder gar illegale Aktivitäten sein. Und das alles nur, um sich ein wenig Nervenkitzel zu verschaffen. Wenn sie dann einige Jahre später zurückschauen und sich an ihre »Jugendsünden« erinnern (die durchaus nicht nur in der Jugend begangen werden), erschrickt so mancher nachträglich und ist baß erstaunt darüber, trotz soviel sträflichen Leichtsinns mit heiler Haut davongekommen zu sein.

Herausforderung

Viel einfacher sind diejenigen dran, die ihre überschießende Lebensenergie schon frühzeitig in konstruktive Bahnen lenken konnten. Menschen, die ihre berufliche Karriere auf der Überholspur machten, sind überdurchschnittlich häufig an diesen Tagen geboren. Ihre zahlreichen Erfolge sind niemals etwas, das sie auf Dauer befriedigen könnte, sondern lediglich Etappen auf einem Lebensweg, der kein endgültiges Ziel zu kennen scheint. Diese Steinbock-Geborenen müssen darauf achten, daß sie sich und ihren Angehörigen hin und wieder ein wenig Muße gönnen. Denn was nützen Erfolg und Wohlstand schon, wenn man sich nicht die Zeit nimmt, diese zu genießen?

Lebensenergie

Toleranz

In Beziehungen verlangen sie ihrem Partner ein hohes Maß an Toleranz ab. Das macht eine Lebensgemeinschaft oder eine Ehe nicht einfacher. Denn nicht jeder ist dafür geschaffen, mit einem derartigen Energiebündel umgehen zu können. Wer es allerdings mit ihnen aushält, wird dafür mehr als reichlich belohnt: In puncto Großzügigkeit und Hilfsbereitschaft nimmt es so schnell keiner mit ihnen auf.

5. bis 7.1. (14 bis 16 Grad Steinbock)

Beständigkeit

Wer an einem dieser Tage geboren wurde, ist im Emotionalen wesentlich beständiger, als dies den meisten Menschen möglich ist. So zeugt zum Beispiel die Entscheidung für einen Lebenspartner von einer größeren Konsequenz und Zuverlässigkeit, als »normale« Menschen sie aufbringen können. Als einziges Problem mag sich der Umstand ergeben, daß der Partner in aller Regel nicht über die gleiche Bindungsfähigkeit verfügt.

Emotionale Enttäuschungen führen bei dieser Konstellation häufiger zu Depressionen, nicht zuletzt deshalb, weil sich die Betroffenen schlechter aus seelischen Bindungen lösen können als andere. Um derartige Krisen zu vermeiden, ist allerdings nicht der Rückzug aus Freundschaften und sozialen Kontakten der richtige Weg, sondern ein starkes Engagement in der Öffentlichkeit und im Beruf. Hier können sie mit ihrer außergewöhnlichen Ausdauer und Geduld ganz Ungewöhnliches leisten.

Sie gehören oft zu den glücklichen Menschen, die scheinbar mit einem klaren Lebensplan auf die Welt kamen. Sie empfinden genauer als andere, was sie einmal erreichen wollen. Vielleicht wußten sie bereits als Kind, welchen Beruf sie einmal ergreifen würden. Was sie sich vornehmen, schaffen sie meist auch, wenn nicht im ersten, dann im zweiten oder dritten Anlauf. Das Geheimnis ihres Erfolgs ist ein untrügliches Gefühl für richtiges Timing. Viel besser als andere können sie einschätzen, wieviel Zeit und Energie sie für das Erreichen eines Ziels investieren müssen. Selbst den Einfluß von Stimmungen und Launen beziehen sie in ihre Überlegungen ein. Die Fähigkeit, konsequent zu planen und die eigenen Möglichkeiten realistisch mit zu bedenken, macht sie zu unschlagbaren Strategen.

Erfolgsgeheimnis

8. bis 10.1. (17 bis 19 Grad Steinbock)

Wer an einem dieser Tage Geburtstag hat, ist meist eine echte Genießernatur. Die angenehmen Seiten des Lebens üben einen unwiderstehlichen Reiz auf die Betreffenden aus. Und wenn sie ehrlich sind, geben sie auch gern zu, daß sie gar kein Bedürfnis danach haben, zu widerstehen. Allerdings sieht man vielen von ihnen ihre Vorliebe für gutes Essen und Trinken mit der Zeit auch an, ein Umstand, der sie nicht kaltläßt. Schließlich sind sie Ästheten, und sie wollen nicht nur schöne Dinge um sich herum haben, sie wollen auch selbst schön sein.

Genießer

Ihre grundsätzliche Lebenseinstellung ist: leben und leben lassen. Die meisten von ihnen sind erstaunlich gutmütig, es liegt ihnen kaum daran, in Wortgefechten zu gewinnen oder immer das letzte Wort zu behalten. Im Gegenteil: Sie sind beeinflußbar und immer bereit, sich von anderen inspirieren zu lassen. Wird ihre Gutmütigkeit allerdings allzu offensichtlich ausgenutzt, können sie zu Furien werden. Ehrgeiz plagt sie nur so lange, bis sie eine Lebenssituation geschaffen haben, in der sie es sich behaglich einrichten können. Ab dann bedeuten ihnen Freizeit und das Zusammensein mit Freunden mehr als gesellschaftliche Anerkennung, Karriere oder gar Ruhm.

Künstlerische Begabung

Häufig besteht eine künstlerische Begabung. Dies gilt vor allem für die Musik. So besitzen viele Kunst- und Musikkritiker diese Konstellation. Doch auch Feinschmecker und Weinkenner sind besonders häufig vertreten. Viele von ihnen können selbst hervorragend kochen. Manche werden aktive Künstler, sei es in der Musik, der Malerei, der bildenden Kunst, dem Theater oder dem Tanz. In solchen Fällen kommt es häufig eher zufällig oder fast gegen ihren Willen zu einer Karriere: Wenn sie von einer Sache völlig begeistert sind, vergessen sie einfach ihren Hang zum bequemen Leben, und bei entsprechendem Talent stellt sich der Erfolg fast zwangsläufig ein.

11. bis 13.1. (20 bis 22 Grad Steinbock)

Geradlinigkeit

Menschen, die an diesem Tag geboren wurden, zeichnen sich fast immer durch eine besondere Geradlinigkeit aus. Sie leben nie in den Tag hinein, sondern verfolgen hochgesteckte und ehrgeizige Ziele. Dafür sind sie auch eher als andere Steinbock-Geborene bereit, Opfer in Kauf zu nehmen. Es ist nicht ungewöhnlich, daß sie bereits als Kinder oder Jugendliche wissen, welchen Beruf sie einmal ergreifen wollen, und was sie sich in den Kopf gesetzt haben, das erreichen sie auch. Meist sind sie zurückhaltend und ernsthaft, so daß sie mancher unterschätzt. Wer jedoch einen zweiten Blick riskiert, merkt schnell, daß ihnen einfach nichts daran liegt, sich vorteilhaft in Szene zu setzen. Immer geht es ihnen um die Sache und nicht um die Show. So sind sie besser als andere Menschen in der Lage, Situationen sachlich zu beurteilen. Ungefragt werden sie ihre Ansichten nur selten mitteilen, aber es lohnt sich immer, sie danach zu fragen. Ihr ausgeprägter Gerechtigkeitssinn macht sie zu guten Anwälten im wörtlichen und übertragenen Sinne. Wenn sie für eine gute Sache kämpfen, können sie eine unerwartete Begeisterungsfähigkeit und Überzeugungskraft entwickeln. In Verbindung mit ihrer Zähigkeit sind dies optimale Voraussetzungen, um ihren Interessen zum Durchbruch zu verhelfen.

Ernsthaftigkeit

Die Menschen, die an diesen Tagen geboren wurden, brauchen länger als andere, um persönliche oder berufliche Entscheidungen zu fällen, schließlich will alles bei ihnen genau überlegt sein.

Auch in Beziehungen lassen sie sich meist Zeit, bevor sie sich endgültig binden. Sie neigen dazu, ein wenig schüchtern oder sogar unsicher zu sein. Wenn sie jedoch einmal ihr Herz verschenkt haben, sind sie treue und verläßliche Partner.

Treue

14. bis 16.1. (23 bis 25 Grad Steinbock)

Für Menschen mit dieser Konstellation gibt es nichts Schlimmeres als Stillstand und Stagnation. Immer müssen sie in Bewegung sein, sei dies nun geistig oder körperlich. Sie reisen gern und viel und nehmen ständig Veränderungen an ihrer Wohnung vor. Viele von ihnen ziehen außergewöhnlich oft um.

Sprachliche Begabung

In der Regel verfügen die an diesen Tagen Geborenen über eine überdurchschnittliche sprachliche Begabung. Es fällt ihnen leicht, sich schriftlich oder mündlich auszudrücken, und wer sie dumm anredet, muß mit einer »schlag«-fertigen Antwort rechnen.

Oft haben sie ein besonderes Interesse an Sprachen und Literatur, das sie auch beruflich zu nutzen versuchen. Dies gilt ebenso für ihr Interesse an Reisen. Insbesondere in jungen Jahren übernehmen sie gern Tätigkeiten, bei denen sie »herumkommen«.

Die Ortsgebundeneren unter ihnen besitzen neben ihrem Sprach- und Kommunikationstalent auch einen guten Geschäftssinn, so daß viele erfolgreich im Handel tätig sind. Bei allem, was sie tun, ist jedoch Abwechslung das wichtigste Element. Das gilt sowohl für den Beruf als auch für die Partnerschaft. So hat mancher lange Zeit mehr Freude an der Partnersuche als an einer festen Beziehung. Haben sie sich schließlich gebunden, sind zahlreiche gemeinsame Aktivitäten das A und O für eine harmonische Verbindung. Für auf Dauer angelegte Lebensgemeinschaften ist das sogar noch wichtiger als die erotische Anziehung. Ein allzu häusliches Gegenüber wird es mit ihnen schwerhaben, da diese Steinbock-Geborenen

Unternehmungslust

viel zu unternehmungslustig sind, um die ganze Freizeit in den eigenen vier Wänden zu verbringen. Die Gefahr wäre groß, daß der Lebenspartner die meiste Zeit mit Warten verbringt. Konflikte und Entfremdung sind damit programmiert.

17. bis 19.1. (26 bis 28 Grad Steinbock)

Menschen, die in diesen Tagen geboren wurden, haben das Bedürfnis, die eigene Kraft in den Dienst überpersönlicher Zielsetzungen zu stellen. Sie sehnen sich daher nach Werten, für die es sich zu kämpfen lohnt.

Konsequenz

So sind sie radikal und konsequent, sobald sie davon überzeugt sind, sich für das Richtige einzusetzen. Deshalb wirken sie auf ihre Umgebung manchmal ein wenig intolerant, während sie selbst eher unter dem Mangel an Entschlossenheit ihrer Mitmenschen leiden.

Unter dieser Konstellation finden sich ungewöhnlich viele aufrechte, mutige, geradlinige und zielstrebige Persönlichkeiten, die sich nicht so schnell ins Bockshorn jagen lassen und ihre Möglichkeiten und Grenzen genau kennen.

Sie können für ihre Ziele alle Reserven mobilisieren. Durch autoritäres Gehabe, Großmäuligkeit sowie alberne Machtdemonstrationen (zum Beispiel von Vorgesetzten) lassen sie sich kaum beeindrucken.

Menschen mit dieser Konstellation sind oft ausgeglichener als andere, da sie es verstehen, sich ihr Leben ihren persönlichen Neigungen und Fähigkeiten angemessen einzurichten. Sie setzen sich Ziele, die sie weder über- noch unterfordern. So verschaffen sie sich Erfolgserlebnisse, die ihnen zu einem gesunden Selbstbewußtsein verhelfen. Voraussetzung hierfür

Ziele

ist eine berufliche Situation, die ihren Fähigkeiten entspricht. Besonderen Wert legen sie auf eine Position, in der sie Verantwortung übernehmen können.

Hohe Ansprüche

An ihren Partner stellen sie hohe Anforderungen, doch verlangen sie niemals mehr, als sie selbst zu geben bereit sind. Wenn es notwendig ist, bringen sie für Menschen, die ihnen etwas bedeuten, große Opfer.

20. bis 22.1.* (29 Grad Steinbock bis 1 Grad Wassermann)

Vertrauen

Wer an diesen Tagen geboren wurde, besitzt meist ein unerschütterliches Vertrauen sich selbst und dem Leben gegenüber. Wo ein Problem ist, gibt es auch eine Lösung, so lautet seine Devise. Mancher mag die Betreffenden für naiv halten, weil sie einfach nicht bereit sind, sich durch Rückschläge entmutigen zu lassen. Doch zeigt sich hier nur der Neid der Pessimisten.

Ein solcher Steinbock wird nur sehr selten in eine Lebenslage kommen, die nicht gemeistert werden könnte, und ist sie noch so schwer. Wenn diesen Menschen etwas mißlingt, probieren sie es einfach so lange aufs neue, bis es klappt. Besser als die meisten anderen können sie sich blitzschnell auf neue Situationen einstellen. Spontane Entscheidun-

---

* Da nicht alle Monate exakt 30 Tage zählen, sind sie nicht immer 1:1 mit den 30 Graden des Tierkreiszeichens in Deckung zu bringen. Außerdem verschiebt sich der Beginn eines Zeichens jährlich ein wenig. Der 22.1., der nicht zum Steinbock-Zeitraum gehört, steht hier für 1 Grad Wassermann.

gen und Unternehmungen lieben sie besonders. Sie scheinen sogar das »schlechte Neue« dem »guten Alten« vorzuziehen. Viele von ihnen sind tatsächlich die geborenen Reformer, die neue Horizonte eröffnen, wodurch nur allzuoft alte Probleme gelöst werden.

Reformer

Unter ihnen finden sich auch manche begabte Krisenmanager, deren Stärke in der Fähigkeit zu blitzschnellen Entscheidungen liegt, wenn diese nötig sind. In Situationen, in denen andere die Nerven verlieren, sind Sie die Ruhe selbst. Dafür neigen sie in ruhigen und entspannten Zeiten zur Nervosität.

Manch einer, der an einem dieser Tage geboren wurde, ist ein echtes Arbeitstier oder, wie man so schön auf neudeutsch sagt, ein Workaholic.

Abwechslung

Abwechslung und den Reiz des Neuen brauchen die Betreffenden genauso wie die Luft zum Atmen. Nur wenige von ihnen üben ein Leben lang denselben Beruf aus. Wenn das der Fall ist, bietet er so viel Abwechslung und neue Herausforderungen, daß Langeweile trotzdem kaum aufkommen kann.

Besonders sympathisch macht die unter dieser Konstellation Geborenen ihre instinktive Abneigung gegen alle Formen von Gewalt. Sie gehören zu den friedlichsten Menschen auf diesem Planeten.

Lediglich wenn man sie oder ihre Lieben angreift, kann sie ein heiliger Zorn ergreifen, wobei der Überraschungseffekt auf ihrer Seite ist: Das Gegenüber hätte ihnen eine solche Reaktion kaum zugetraut und ist deshalb schon überrumpelt, bevor es die Situation überhaupt erfassen konnte.

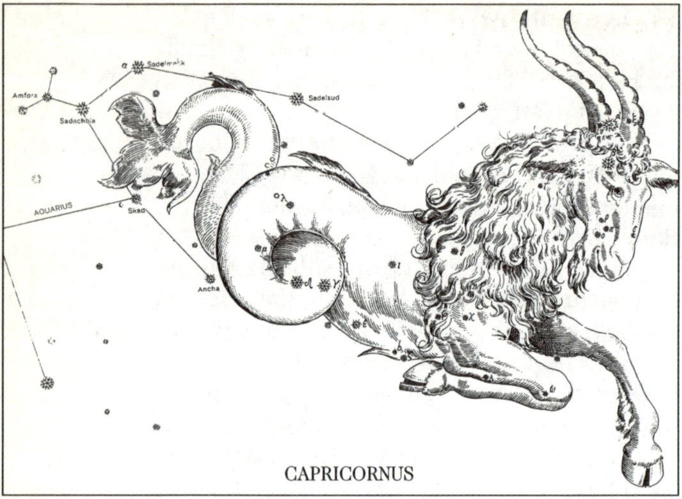

CAPRICORNUS

Welcher Mond-Typ ist der Steinbock?

Jeder Mensch hat neben seinem Sonnen- auch ein Mondzeichen. Das Zeichen, in dem die Sonne steht, spiegelt unser Handeln wider, während das Mondzeichen Auskunft über unser Gefühlsleben gibt. Sie können also zum Beispiel ohne weiteres gleichzeitig Steinbock(-Sonne) und Krebs(-Mond) sein.

Gefühlsleben

Gerade wenn Sie einigen Aussagen zum typischen Steinbock gar nicht recht folgen können, sollten Sie einmal unter dem Mondzeichen des Betreffenden nachschauen. In vielen Fällen werden Sie hier die Erklärung finden, warum und in welcher Weise er sich von anderen Steinböcken unterscheidet.

Individuelle Horoskopdeutung

Für eine individuelle Horoskopdeutung ist das Mondzeichen eigentlich noch wichtiger als das Sonnenzeichen. Der Grund, warum das Mondzeichen längst nicht so bekannt ist und dementsprechend auch nicht ausreichend gewürdigt wird, liegt wie gesagt einfach an einem technischen Problem: Während Sie Ihr Sonnenzeichen leicht über Ihr Geburtsdatum feststellen können, ist dies beim Mondzeichen nicht so einfach.

Hier wurden bisher Spezialtabellen, sogenannte Ephemeriden, benötigt, oder man bediente sich eines Computerprogramms. Mit Hilfe der Tabelle im Anhang (»Die Bestimmung des Mondzeichens«) können Sie allerdings sehr leicht das persönliche Mondzeichen des Steinbocks feststellen.

☽

Widdermond

Die Kombination von Sonne im Steinbock und Mond im Widder weist auf ein angespannt-energisches Temperament hin, das viel Selbstdisziplin verlangt, um in Streßsituationen richtig und überlegt zu handeln. Auf diese Weise können viele Fehler vermieden werden, die sich ergäben, wenn die Betreffenden ihren spontanen Stimmungen nachgäben. Da sie wissen, daß ihr Gefühlsbarometer zu heftigeren Ausschlägen neigt, ist ihnen Kontrolle und Beherrschung ihrer Emotionen ein besonderes Anliegen.

Spontaneität

Wenn sie allerdings einmal die Selbstbeherrschung verlieren, dann gründlich. Es gibt in diesem Fall kaum noch eine Möglichkeit, sie zu stoppen. Im Affekt werden dann manchmal Dinge gesagt und getan, die man später lieber ungeschehen machen würde. Zum Glück kommen solche Situationen nur selten vor.

Eigenverantwortung

Wer unter dieser Zeichenkombination geboren wurde, hat erkannt, daß er für sich und seine Handlungen selbst verantwortlich ist. Doch er weiß auch, daß er sich auf die Unterstützung von Freunden und Bekannten fast blind verlassen kann, wenn er diese wirklich benötigt. Umgekehrt können auch die Menschen in seiner Umgebung in schwierigen Situationen auf ihn zählen. Das macht den Umgang mit ihm in aller Regel angenehm, trotz seiner Ecken und Kanten, denn nichts ist ihm peinlicher, als anderen zur Last zu fallen. Nur selten werden Menschen mit dieser Konstellation andere für eigene Fehler verantwortlich machen, und so nehmen sie es auch gelassen hin, wenn Mitmenschen, die ihnen nicht allzu nahestehen, über ihren Eigensinn gelegentlich den Kopf schütteln. Schließlich ist es ihr Leben, und sie sind nicht auf der Welt, um es allen recht zu machen.

Die entwickelten Persönlichkeiten unter ihnen zeichnen sich durch besondere Hilfsbereitschaft aus, die sie nicht an die große Glocke hängen, sie erwarten auch keinen besonderen Dank dafür. Gerade in schweren Krisen fällt es ihnen selbst nicht leicht, Hilfe anzunehmen. Sie haben an sich den Anspruch, mit allen Problemen des Lebens aus eigener Kraft fertig zu werden, und sind deshalb oft zu stolz, andere um Rat oder gar um finanzielle Unterstützung zu bitten.

Hilfsbereitschaft

Kein Mensch kann jedoch ohne andere bestehen. Manche Widdermond-Geborene begehen den Fehler, sich immer und ausschließlich auf sich selbst zu verlassen, und übersehen dabei, daß sie keines ihrer Ziele ohne die Unterstützung und Mithilfe anderer erreichen können. Im Extremfall kann hier aus Unabhängigkeit sogar Ignoranz werden. Sie wollen keinen Rat akzeptieren, auch dann nicht, wenn er von wohlmeinender und berufener Stelle kommt.

Ignoranz

In den meisten Fällen führen private und berufliche Krisen schließlich zu der Einsicht, daß ein Weiterkommen nur möglich ist, wenn Wissen und Können anderer in das eigene Leben mit einbezogen werden. Gerade bei außergewöhnlich starken Persönlichkeiten kann es aber passieren, daß sie sich so lange ausschließlich auf sich selbst verlassen, bis sie sich in eine derart aussichtslose Lage manövriert haben, daß eine sinnvolle Lösung kaum noch möglich ist.

Aufgaben

Die größte Herausforderung für Widdermond-Geborene ist zweifellos das Erlernen echter Begegnungsfähigkeit. Fühlen und Handeln sind hier oft so widersprüchlich, daß man Schwierigkeiten hat, sich selbst zu verstehen. Um so schwerer ist es dann natürlich auch, auf andere angemessen zuzugehen. Partnerschaft, Freundschaft und Familie können nicht mit dem gleichen Mißtrauen und Konkurrenzbewußtsein angegangen werden wie das übrige Leben.

Hier gilt es, echte Offenheit und Vertrauen zu erlernen. Nur das Bemühen um diese Fähigkeiten schafft die Möglichkeit für ein zufriedenes und ausgeglichenes Leben.

Für diese Menschen ist es eine echte Lernaufgabe, zu begreifen, daß es kein Zeichen der Schwäche ist, zuzugeben, wenn man einmal mit seinem Latein am Ende ist, im Gegenteil. Unbewußt haben sie Angst, aus ihrem Freundes- und Bekanntenkreis ausgeschlossen zu werden, wenn man ihnen anmerkt, daß sie Hilfe benötigen. Diese Sorge ist unbegründet. Die Menschen, die sie selbst immer wieder unterstützt haben, werden sich freuen, wenn sie sich revanchieren können.

Stiermond

Bei dieser Konstellation kommen unüberlegte und impulsive Handlungen selten vor. Steht die Sonne zusätzlich im Steinbock, stellen die

Betreffenden eine echte Rarität dar: Sie besitzen meist ein außergewöhnlich stabiles Gleichgewicht und gelten allgemein als sehr ausgeglichene Persönlichkeiten. Kommt es dennoch zu emotionalen Ausbrüchen, so müssen wirklich massive Gründe vorliegen.

Stabilität

Stiermond-Geborene haben im allgemeinen ein gutes Verhältnis zum Geld. Wann immer es möglich ist, werden sie darauf achten, daß sie mehr einnehmen, als sie ausgeben. Deshalb gelingt es ihnen auch, sich in guten Zeiten nennenswerte Ersparnisse zurückzulegen. Bei manchen Stiermond-Geborenen kann die Sparsamkeit übertriebene Züge annehmen. Kommt eine Steinbock-Sonne hinzu, gilt dies in besonderem Maße. Allerdings gibt es bei Stiermond-Geborenen auch den Gegentyp. Bei diesem besteht häufig eine Tendenz zu riskanten Spekulationen und windigen Geschäften, die angeblich über Nacht riesige Gewinne bringen sollen. Solche Aktionen können sie sehr viel Lehrgeld kosten oder gar um ihr Vermögen bringen. In Verbindung mit einer Steinbock-Sonne ist die Gefahr allerdings ausgesprochen gering, handelt es sich hier doch überwiegend um ausgeglichene Naturelle, die keinesfalls zu spontanen Fehlentscheidungen neigen und unnötigen Risiken eher aus dem Wege gehen.

Wenn sie haben, was sie wollen, tun sie alles, um es nicht wieder zu verlieren, denn einmal erlangte Vorteile gilt es zu erhalten und zu mehren.

Berufe

Die Praxis hat gezeigt, daß viele erfolgreiche Menschen, die mit Auslandsgeschäften zu tun haben (Reiseveranstalter, Import-Export-Kaufleute) diese Konstellation besitzen sowie Angehörige aller Berufe, die mit dem Verwalten oder dem An- und Verkauf von Grundbesitz zu tun haben.

Wissen, das nicht konkret anwendbar ist, interessiert Stiermond-Geborene nur in den seltensten Fällen. Umgekehrt sind sie in der Lage, auch scheinbar völlig verkopfte Theorien oder Einstellungen in die Praxis umzusetzen.

Gutes Gedächtnis

Viele besitzen ein auffällig gutes Gedächtnis, das offenbar jeden Eindruck, jeden Gedankengang archiviert und allzeit zum Abruf bereit hält.

Ihr Engagement für ihre Freunde, für Familie und Bekannte ist in vielen Fällen beeindruckend. Vor allem für sozial Schwache und Gestrauchelte setzen sie sich ein, ohne dabei Rücksicht auf die öffentliche Meinung zu nehmen. Wenn es um Menschen und Menschlichkeit geht, interessieren sie Ideologien und Dogmen überhaupt nicht mehr. Instinktiv ist ihnen der Unterschied zwischen persönlichen Ansichten und praktischen Notwendigkeiten bewußt. Inhumanes Verhalten oder sklavisches Festhalten an bürokratischen Vorschriften kommen bei ihnen nur in den seltensten Fällen vor. Ihre Fähigkeit, auf zerstrittene Parteien versöhnend einzuwirken, wird von den Menschen in ihrer Umgebung sehr geschätzt.

Sinnlichkeit

Keine andere Mond-Konstellation weist so viel angeborene Sinnlichkeit und Genußfähigkeit auf wie diese. Das schafft einen willkommenen Ausgleich für das manchmal ein wenig übertriebene Pflichtbewußtsein des Steinbocks, das echter Lebensfreude oft ein wenig im Wege steht.

Wenn auch nicht alle, so besitzen doch viele Stiermond-Geborene einen umwerfenden Humor, der meist bodenständig bis derb ist. Zumindest aber ist ein gewisser »Mutterwitz« vorhanden, der es ihnen leichtmacht, Spannungssituationen die Spitze zu nehmen.

Humor

Der größte denkbare Hemmschuh für eine weiter gehende Persönlichkeitsentwicklung ist der Hang zum Opportunismus. Das eigene Fähnchen wird immer nach dem Wind ausgerichtet, der den größten Geldsegen verspricht, ohne sich dabei von moralischen oder ethischen Problemen allzusehr irritieren zu lassen. Als Konsequenz verlieren alle Dinge im Leben ihren persönlichen Wert, auch der größte materielle Erfolg kann dann nicht mehr befriedigen.

Stiermond-Geborene sind wahrhafte Überlebenskünstler, deren Bodenständigkeit sie auch mit den schwierigsten Krisen im Leben zurechtkommen läßt. Es gelingt ihnen jedoch nur unter größten Anstrengungen, freiwillig Opfer zu bringen, auf etwas zu verzichten oder finanzielle Einbußen in Kauf zu nehmen. Hier muß gelernt werden, daß auch geistige Werte kostbar sind, und zwar in vielen Fällen weitaus mehr als die materiellen. Erst wenn man sich moralische, ethische oder religiöse Prinzipien zu eigen gemacht hat, nach denen das Leben ausgerichtet werden kann, ist es möglich, materiellen Wohlstand wirklich zu schätzen.

Bodenständigkeit

Wer mit dem Mond im Tierkreiszeichen Stier geboren wurde, muß lernen, daß es in diesem Leben keine endgültige Sicherheit und keine absolute Gewißheit gibt. Nur so können

Existenzängste überwunden und Lebensfreude sowie Genußfähigkeit voll entwickelt werden. Das gilt in besonderem Maße für die eher zur Übervorsicht neigende Steinbock-Sonne.

☽

Zwillingsmond

Verhandlungspartner

Es gibt keine besseren Verhandlungspartner als Menschen mit dem Mond in den Zwillingen. Wenn Sie jemanden brauchen, der Ihnen hilft, einen anderen von einer Sache zu überzeugen, suchen Sie sich jemanden mit dieser Konstellation. Er kann Positionen glaubhafter vertreten, von denen er im Grunde nicht die geringste Ahnung hat, als mancher Experte.

Nichts macht einen Menschen mit dieser Konstellation glücklicher, als wenn er sich anderen mitteilen kann, sei es mündlich oder schriftlich. Da er mehr Gedanken zu vermitteln hat, als ein normales Gegenüber verkraften kann, schafft hier nur ein großer Freundeskreis oder ein passender Beruf Abhilfe. So nimmt es nicht wunder, daß viele mit dieser Konstellation erfolgreich und gern einer Lehrtätigkeit nachgehen.

Sportliche Begabung

Die wenigen Zwillingsmond-Geborenen, die nicht zum Typus des Kommunikationsathleten gehören, verfügen oft über eine außerordentliche sportliche Begabung. Für diese Menschen ist regelmäßiges Training häufig die Voraussetzung für ihr seelisches und körperliches Gleichgewicht, da für ihre überschießende physische Energie und ihre permanente psychische Anspannung auf diese Weise ein Ausgleich geschaffen wird. Die Praxis hat gezeigt, daß Menschen mit dieser Konstellation oft an Allergien, insbesondere im Atemwegsbereich leiden, die durch einen solchen Ausgleich bis hin zur Beschwerdefreiheit gemildert werden können.

Allergien

Vor allem bei Themen, die sie nicht unmittelbar persönlich betreffen, können sie außergewöhnlich unvoreingenommen das Für und Wider unterschiedlicher Standpunkte abwägen. Das macht sie zu beliebten Diskussionspartnern und ausgezeichneten Schlichtern in Auseinandersetzungen.

Die Gabe, in Wort und Schrift allgemeinverständlich und überzeugend sein zu können, wird von ihnen häufig als so selbstverständlich erlebt, daß sie dies – völlig zu Unrecht – oft überhaupt nicht mehr als persönlichen Vorzug empfinden.

Jugendliche Ausstrahlung

Menschen mit Zwillingsmond und der Sonne im Steinbock haben häufig bis ins hohe Alter hinein eine jugendliche Ausstrahlung und überraschen ihre Umgebung durch spontane Einfälle und Vorschläge. Sie lieben die Beweglichkeit, sei es im geistigen oder auch körperlichen Bereich. Begeisterungsfähigkeit und Spontaneität gehören zu ihren sympathischsten Eigenschaften, die man bei ihnen keinesfalls unterdrücken sollte, da sie möglicherweise mit Krankheit und Depression reagieren können.

Viele Zwillingsmond-Geborene laufen Gefahr, ihr gesamtes Leben auf der Überholspur zu verbringen. Da bleibt kaum Zeit, sich mit jemandem oder etwas wirklich intensiver zu beschäftigen. Auch Fingerspitzengefühl und Rücksichtnahme müssen zurückstehen, wenn es um die Sache geht. Wer nicht gelernt hat, sich genügend Zeit für Freunde und Partner zu nehmen, läuft Gefahr, oberflächlich und gefühlskalt zu werden. Steinbock-Sonne-Zwillinge-Mond-Geborene müssen lernen, auf ihre Instinkte zu hören, damit sie diesen Tendenzen rechtzeitig entgegensteuern.

Aufgabe

Die größte Herausforderung für Zwillingsmond-Geborene ist das Erlernen der Fähigkeit, aus ihrer immensen Vielseitigkeit echte Toleranz zu entwickeln. Es erfordert wahrhaft Größe, andere Ansichten als die eigenen wirklich gelten zu lassen und nicht nur gönnerhaft zu ertragen. Partnerschaft, Freundschaft und Familie sollten nicht mit »wissenschaftlichem« Verstand angegangen werden. Hier sind Weitsicht, Muße sowie Offenheit notwendig. Die Auseinandersetzung mit religiösen und weltanschaulichen Themen kann dabei außerordentlich nützlich sein. Denn nur wer in seinem Leben einen tieferen Sinn erkennt, vermag auch wirklich »zu-frieden« zu sein.

☽

Krebsmond

Gutmütigkeit

Neben den Fischemond-Geborenen sind dies die gutmütigsten Vertreter ihres Tierkreiszeichens. Solange Sie die Gefühle des Krebsmonds nicht verletzen und er im Gegenzug die Ihrigen nachvollziehen kann (und es gibt nur wenig, wofür ein Krebsmond nicht Verständnis aufbringen könnte), wird er sich noch nicht einmal wehren, wenn sie ihm die Haare vom Kopf fressen. Die größte Dummheit, die Sie begehen können, ist, ihn deshalb für einen naiven Trottel zu halten. Sie müssen überhaupt nichts tun, es reicht völlig aus, wenn Sie so etwas denken: Er wird es merken. Und die Folgen für Sie sind meist furchtbar. Ehe Sie sich versehen, hat er Sie an allen Ihren wunden Punkten gleichzeitig getroffen, an allen, die Sie schon kannten und sorgsam zu verstecken suchten, und einigen mehr, von denen Sie bis jetzt noch gar nichts wußten. Der Krebsmond ist der Gefühlsseismograph unter den Tierkreiszeichen, keine seelische Regung in seiner Umgebung entgeht ihm, und er merkt sie sich alle. Solange Sie seine Gefühle nicht verletzen, haben Sie, wie gesagt, den gutmütigsten Menschen der Welt vor sich, andernfalls seziert er Ihr Selbstwertgefühl wie ein Metzger ein Filetstück.

Sensibilität

Allzusehr sollten Sie sich durch diese Darlegungen nicht erschrecken lassen, denn Krebsmond-Geborene sind nicht nachtragend. Sobald Sie Ihren Fehler eingesehen haben, sind diese die ersten, die bereit sind, das Ganze zu vergessen.

Wenn Sie einen solchen Menschen von etwas überzeugen oder zu einer Sache überreden wollen, werden Sie mit den üblichen Argumenten eher wenig ausrichten. Falls er sich nicht gerade in großen finanziellen Schwierigkeiten befindet, wird Geld allein ihn kaum umstimmen können. Auch Prestige, sozialer Status oder Abenteuerlust werden für ihn nur selten bestimmende Motive sein. Wenn Sie jedoch glaubhaft machen können, daß andere ohne die Hilfe und Unterstützung des Krebs-

Motive

mondes aufgeschmissen wären, wird ihm ein »Nein« ausgesprochen schwer fallen. Sein soziales Gewissen ist viel zu ausgeprägt, als daß er leichten Herzens andere in der Patsche sitzenlassen könnte. Aber vergessen Sie niemals: Wenn Sie mit den Gefühlen eines Krebsmondes spielen, geht der Schuß fast immer nach hinten los!

Häuslichkeit

Menschen mit dieser Konstellation sind häuslich: Die Geborgenheit in der Familie und der Schutz in den eigenen vier Wänden liegen ihnen ganz besonders am Herzen. Unter ihnen finden sich die besten Köche, die es überhaupt gibt. So sind sie denn auch bereit, alle Vorschläge genau zu prüfen und zu überdenken, die ihrer Familie nutzen oder ihre Wohnsituation entscheidend verbessern können.

Einfühlungsvermögen

Krebsmond-Geborene sind in ihrer persönlichen und beruflichen Umgebung aufgrund ihres Einfühlungsvermögens oft außerordentlich beliebt, ohne daß sie darum viel Aufhebens machen würden. Im Gegenteil: Meist ist ihnen gar nicht bewußt, wie gut sie bei anderen ankommen. Mehr als andere Steinböcke neigen sie zu Selbstzweifeln, die sie jedoch in der Regel konstruktiv nutzen, um sich selbst immer wieder zu besonderen Leistungen zu motivieren. Mit Durchschnittlichkeit und Mittelmaß werden sie sich – bei sich selbst – niemals zufriedengeben. Sie neigen dazu, von sich selbst mehr zu verlangen als von anderen. In dieser Hinsicht sind sie auch die idealen Vorgesetzten. Sie werden kaum zu denjenigen gehören, die während der Arbeitszeit Golf spielen gehen, während sie von ihren Mitarbeitern höchstes Engagement fordern. Typischer für sie ist, daß sie morgens als erste die Firma betreten, um sie abends als letzte zu verlassen. Das hat natürlich für die Mitarbeiter Vorbildfunktion und spornt sehr viel mehr an als etwa eine drohende Entlassung oder eine Gehaltskürzung. Aber auch als Mitarbeiter werden sie ihr Bestes geben und sich weit über das verlangte Maß für ihre Tätigkeit engagieren, wenn man ihnen die Möglichkeit gibt, sich mit ihrer Aufgabe, ihren Kollegen und dem Konzept des Betriebes zu identifizieren.

Vorbild

Niemand kann bei außergewöhnlicher Begabung so beliebt und populär sein wie ein Krebsmond-Geborener. Bei allen anderen Konstellationen ist Anerkennung mit Neid und »Volkstümlichkeit« mit einem Mangel an Niveau verknüpft. Daß dies hier anders ist, hängt vielleicht damit zusammen, daß jeder diesen Menschen anmerkt, wie hart sie für ihren Erfolg gearbeitet haben und wie ehrlich sie sich über ihn freuen können.

Prominente Beispiele

Boris Becker etwa löste mit seinem ersten Wimbledon-Sieg eine derartige Begeisterung aus, daß Tennis völlig unerwartet zum Volkssport wurde. Thomas Mann schuf mit den *Buddenbrooks* ein Stück Weltliteratur, als er gerade mal Anfang Zwanzig war. Claude Debussy ist neben Ravel der bedeutsamste impressionistische Komponist. Eine ähnliche Vorreiterrolle, wie sie Debussy in der klassischen Musik spielte, nahm Jimi Hendrix in der Popmusik ein. Niemals zuvor spielte jemand die »elektrische« Gitarre in einem solchen Maße als eigenständiges Instrument. Bei entsprechendem Entwicklungsniveau sind beim Krebsmond also außergewöhnlicher Ehrgeiz und oft auch künstlerische Begabung vorhanden. Erfolg und Popularität sind das häufige Ergebnis besonderer Anstrengungen und immenser Kreativität.

Phantasie

Jede Fähigkeit ist auch eine Bürde: Wer über viel Phantasie und Kreativität verfügt, wird Schwierigkeiten haben, sich für langfristige Ziele zu entscheiden. Es fällt schwer, konsequent bei einer Sache zu bleiben, wenn wir ständig neue und interessante Ideen haben. In psychologischer Hinsicht sind Selbstdisziplin und schöpferische Begabung Gegensätze. Doch nur wer lernt, sich aus der Vielzahl seiner Wünsche und Möglichkeiten auf einige wesentliche Themen zu beschränken, kann Außergewöhnliches leisten. Nahezu alle erfolgreichen Krebsmond-Geborenen haben schon frühzeitig auf ein einziges Ziel hingearbeitet.

Diese Menschen reagieren besonders sensibel auf die Mondphasen, vor allem auf den Vollmond. An solchen Tagen sollten riskante Unternehmungen nach Möglichkeit gemieden werden. Dazu gehören auch Operationen. Die Reaktion auf Alkohol, Medikamente oder Drogen kann verändert sein.

Löwemond

Sprachbegabung

Die Verbindung vom Mond im Löwen und der Sonne im Steinbock hat viele Vorzüge, die die darin Geborenen mit besonderen Fähigkeiten ausstatten. Sie lernen schneller und leichter als andere. Häufig besitzen sie eine besondere Sprachbegabung und fast immer kaufmännisches Talent. Niemand kann so gut wie sie in einer Gruppe von Menschen unterschiedlichster Herkunft und verschiedenen Temperaments eine angenehme Atmosphäre schaffen. Es gibt kaum bessere Gastgeber als sie. Selbst den formellsten Veranstaltungen können sie noch eine persönliche und menschliche Note geben. Das wissen sie selbst besser als alle anderen, und genau das ist ihr Problem: Unabhängig davon, wieviel Lob und Anerkennung man ihnen entgegenbringt, sie fühlen sich mißverstanden und unterbewertet. Zu Recht wollen sie für ihr Können und ihre Leistungen anerkannt und respektiert und nicht nur einfach »nett« gefunden werden. Hier können manchmal sogar Primadonnenallüren auftreten, womit sie in ihrer Umgebung auf Unverständnis stoßen.

Gute Gastgeber

Im Bereich der Gefühle reagieren sie immer heftig und intensiv, das gilt natürlich auch, wenn sie sich enttäuscht und verletzt fühlen, obwohl sie im Normalfall viel zu stolz sind, sich eine Kränkung anmerken zu lassen. In der Regel ist es dann Aufgabe des Partners, das angeschlagene Selbstwertgefühl wiederaufzubauen.

Dabei handelt es sich hier um ausgesprochen begeisterungsfähige Persönlichkeiten, die lediglich eine Aufgabe benötigen, für die sie sich mit all ihrer Kraft einsetzen können. Werden sie entsprechend gefordert, legt sich auch ihr Hang zur Unzufriedenheit, und sie sind zu außerordentlichen Leistungen fähig. Fast wie die Luft zum Atmen brauchen sie Herausforderungen, die sie zwingen, über sich selbst hinauszuwachsen. Ist dies der Fall, braucht man sich

Begeisterungsfähigkeit

über ihr irritierbares Selbstwertgefühl keine Sorgen mehr zu machen, schließlich stellen sie sich jetzt selbst ständig ihre Fähigkeiten unter Beweis und können die Ignoranz ihrer Umgebung entsprechend gelassener nehmen.

Warmherzigkeit

Die meisten Menschen mit dieser Konstellation wirken ausgesprochen warmherzig und spendabel. Das führt allerdings oft zu peinlichen Mißverständnissen, da ihre grundsätzliche Freundlichkeit von ihrem Gegenüber wesentlich persönlicher genommen wird, als sie gemeint ist. Das heißt nichts anderes, als daß viele schnell dem Irrglauben erliegen, daß der Löwemond ein mehr als nur freundschaftliches Interesse an ihnen hat. So wiegt sich mancher in der falschen Sicherheit, das Herz eines Steinbock-Sonne-Löwe-Mond-Menschen für sich gewonnen zu haben, während dieser möglicherweise Probleme damit hat, sich auch nur an ihn zu erinnern. Glücklicherweise lernen die meisten im Laufe der Jahre ihre Wirkung auf ihre Umgebung angemessener einzuschätzen, so daß derartige, für beide Seiten peinliche Mißverständnisse seltener werden.

Was sie sich allerdings nur in den seltensten Fällen abgewöhnen können, ist die Neigung, ihre Umgebung, insbesondere natürlich Menschen, die ihnen am Herzen liegen, von den Dingen überzeugen zu wollen, die sie für sich selbst als hilfreich und nützlich erkannt haben. Dabei ist es unerheblich, ob es sich um eine neue Nachtcreme, eine bestimmte Gesundheitskur oder eine spezielle Musik-CD handelt. Von dieser Neigung lassen sie auch nicht durch die recht häufige und natürlich enttäuschende Erfahrung ab, daß die meisten

Menschen ihre persönlichen Vorlieben nur bedingt teilen.

Löwemond-Persönlichkeiten zeichnen sich durch einen besonderen Lebenshunger aus, dem sie nachgehen, wann immer sich eine Möglichkeit dazu bietet. So gibt es kaum etwas Menschliches, das ihnen fremd ist, und falls doch, streben sie nach einer Gelegenheit, es so schnell wie möglich auszuprobieren.

Lebenshunger

Keine andere Mond-Konstellation bietet die Chance zu einem so ausgeprägten Charisma wie diese. Insbesondere Damen mit dem Mond im Löwen können eine Anziehungskraft auf das andere Geschlecht ausüben, für die eine vernünftige Erklärung nicht mehr ausreichend ist. Allen ist das Bedürfnis gemeinsam, von ihrem Umfeld anerkannt und respektiert zu werden, auch gegen ein wenig Bewunderung haben sie selten etwas einzuwenden. Kein anderes Tierkreiszeichen besitzt so viel natürliche Autorität wie dieses, und entwickelte Persönlichkeiten werden diesem Anspruch auch gerecht. Solange man sie nicht in Frage stellt, setzen sie sich mit allen ihnen zur Verfügung stehenden Mitteln für ihre Mitmenschen ein, besonders für Kinder. Wenn sie es sich leisten können, sind sie die großzügigsten Gastgeber und freigebigsten Gönner, die man sich nur vorstellen kann.

Die größte Gefahr für Löwemond-Geborene ist ohne Zweifel ihre Eitelkeit und ihre Selbstbezogenheit. Dieses Risiko wird durch die Sonne im Steinbock manchmal in eine skurrile Richtung geändert. Im ungünstigsten Fall werden sie zu einem sich in Selbstliebe verzehrenden Narziß, der keinerlei emotionale

Selbstbezogenheit

Beziehungen zu seinen Mitmenschen pflegen kann. Aus Großzügigkeit wird Neid und Geiz, aus überschäumender Lebensfreude Verbitterung, aus Risikobereitschaft Selbstzerstörung. Kaum jemand kann und will sein ganzes Leben lang ausschließlich im Mittelpunkt stehen. So groß die Strahlkraft des einzelnen auch sein mag, es kommt doch der Tag, an dem andere den Platz einnehmen, den man für den eigenen hielt. So fällt es Löwemond-Geborenen besonders schwer, mit dem Nachlassen von Kräften und Fähigkeiten im allgemeinen und den Symptomen des Alterns im besonderen zurechtzukommen. Das Tierkreiszeichen, das Vitalität, Lebendigkeit sowie Lebensfreude schlechthin repräsentiert, bringt keine Menschen hervor, die sich mit dem Schwinden ihrer Energie so ohne weiteres abfinden können.

Gefahren

Es ist eine triviale, aber schmerzhafte Erkenntnis, daß wir alle einmal Jüngeren und Besseren Platz machen müssen. So ist es für Löwemond-Persönlichkeiten eine besondere Herausforderung, intensiv in der Gegenwart zu leben und gleichzeitig in Würde zu altern. Hier kann eine innere Reife entstehen, die ein noch größeres Feuer ausstrahlt, als es die Kraft der Jugend vermag.

Aufgabe

Jungfraumond

Wenn Sie einen Steinbock-Menschen kennenlernen, der Sie durch eine auffallend schlagfertige Reaktion in einer besonders ungewöhnlichen Situation beeindruckt, und dieser Ihnen anschließend erklärt, das Ganze wäre weiter keine Kunst, schließlich hätte er sich schon vor langer Zeit einen Plan zurechtgelegt, wie er in einer solchen Lage reagieren würde, dann kann es sich nur um einen Jungfraumond handeln (andernfalls steht der Mond im sechsten Haus). Diese Menschen besitzen eine unbegrenzte kreative Phantasie, was die Bewältigung aller möglichen und unmöglichen Herausforderungen des Lebens angeht, und sie verfügen über ein hervorragendes Gedächtnis. So sind denn auch Planspiele ihre große Leidenschaft, unabhängig davon, ob sie Monopoly spielen, alte Schlachten im Sandkasten nachstellen oder sich vor dem Einschlafen überlegen, wie sie ihren Chef von der längst überfälligen Gehaltserhöhung überzeugen können.

Phantasie

Manche Menschen haben jede Menge Ideen, wie sich die Probleme des Alltags besser bewältigen ließen. Andere verfügen über praktischen Verstand und Handlungsenergie. Sonne-Steinbock-Mond-Jungfrau-Menschen besitzen beides in hohem Maß. Ihr großer Vorteil ist dabei, daß sie ihre Möglichkeiten meist realistisch einschätzen. Was ihnen möglicherweise an Spontaneität und Kreativität abgeht, gleichen sie durch sorgfältige Planung mehr als aus. Sie neigen weder zu Größenwahn noch zu falscher Bescheidenheit. Und sie werden niemals versuchen, etwas durchzusetzen, von dem sie nicht zutiefst überzeugt sind, daß es einer guten Sache dient oder ihnen einfach zusteht. Viele hervorragende Händler und Spitzenverkäufer besitzen diese Konstellation. Die einzige Bedingung für ihren Erfolg ist, daß sie

Sorgfältiges Planen

selbst von der Qualität des Produktes überzeugt sein müssen.

Verkaufstalent

Fast jeder kennt den beliebten Verkaufstrick, wenn ein Kunde unschlüssig ist. Der Verkäufer meint einfach: »Das Gerät ist das beste, ich habe es selbst zu Hause.« Die meisten Käufer lassen sich auf diese Weise überzeugen, unabhängig davon, ob der Verkäufer die Wahrheit gesagt hat oder nicht. Wenn Ihnen ein Jungfraumond-Geborener so etwas sagt, können Sie sicher sein: Es ist die Wahrheit. Und er wird Ihnen nicht nur auseinandersetzen, daß er dieses Gerät hat, sondern Ihnen aus dem Effeff sämtliche Vorteile gegenüber Konkurrenzprodukten auflisten können. Folgen Sie seiner Empfehlung, wird er sich innerlich für Sie freuen, wenn Sie den Laden verlassen, und sich nicht etwa ins Fäustchen lachen, wie geschickt er mal wieder einen naiven Kunden übers Ohr gehauen hat. Menschen mit dieser Konstellation sind also »ehrliche Makler«, und wer einmal auf ihren Rat gehört hat und gut damit gefahren ist, wird sich gern bei der nächsten Gelegenheit wieder an sie wenden.

Neben der häufig vorhandenen kaufmännischen Begabung kommen hier auch schriftstellerisches Talent sowie die Eignung für technische Berufe vor. Eine Reihe exzellenter Ingenieure und Architekten besitzen diese Konstellation.

Treue

In Partnerschaften sind diese Menschen treu und zuverlässig, solange sie das Gefühl haben, sich auf ihr Gegenüber blind verlassen zu können. Allerdings ist ihr Sinn für das Praktische der Romantik nicht eben förderlich. Man sollte nicht den Fehler begehen und jedes gemeinsame Ausgehen als »Investition in die Beziehung« betrachten und Partner als »das beste Geschäft« ansehen, das man je gemacht hat. Kein Mensch mag es, wenn er wie eine Sache betrachtet wird, auch nicht, wenn es sich dabei um eine ausgesprochen gute Sache handelt.

Emotionale Beweglichkeit

Entwickelte Jungfraumond-Persönlichkeiten verfügen über eine außerordentliche emotionale Beweglichkeit und Reaktionsfähigkeit. Besonders Begabte sind hier zum Schriftsteller oder Schauspieler berufen, da niemand über eine genauere Beobachtungsgabe verfügt als sie. Die meisten der Jungfraumond-Geborenen können Entwicklungen voraussehen und auf sie reagieren, bevor andere diese auch nur erahnen können. Es gibt nicht viele, denen es gelingt, ihnen etwas vorzumachen. Keine andere Tierkreiszeichenposition des Mondes repräsentiert einen solch untrüglichen Sinn für das Machbare. Diese Persönlichkeiten verstehen es, aus jeder Situation das Beste herauszuholen. In Sachfragen, insbesondere natürlich in ihrem Spezialgebiet, sind sie oft so kompetent, daß ihre Meinung und ihr Rat auch von Gegnern ernst genommen und respektiert werden. Was ihnen möglicherweise an Kreativität fehlt, machen sie durch Effektivität mehr als wett.

Anpassungsfähigkeit

Jungfraumond-Geborene besitzen die natürliche Fähigkeit, vorgegebene Situationen so gut wie möglich zu nutzen. Dabei besteht die Gefahr, sich mit unzumutbaren Umweltbedingungen zu arrangieren, ohne den Versuch zu unternehmen, diese zu verändern. Wer in einem Haus ohne Heizung lebt, sollte vielleicht nicht nur Yoga-Übungen machen, um die Kälte leichter ertragen zu können, sondern sich einen Ofen besorgen oder einfach umziehen. Anpassungskünstler übersehen manchmal, daß es Umstände gibt, mit denen man sich besser nicht arrangieren sollte.

Aufgabe Die größte Herausforderung für Jungfraumond-Geborene ist das Erlernen der Fähigkeit, ein wenig offenherziger und verschwenderischer mit ihren Gefühlen zu werden. Allzuviel Sachlichkeit und praktischer Verstand machen auch Freundschaften und das Liebesleben zu einer eher trockenen Angelegenheit. Erst wenn wir gelernt haben, unseren Mitmenschen intensiv zu zeigen, was wir für sie empfinden, ist ein wirklich erfülltes Leben möglich.

Waagemond

Steinbock-Geborene brauchen die Gesellschaft anderer. Wenn zusätzlich ihr Mond in der Waage steht, könnten sie allerdings Schwierigkeiten haben, auch nur einige Tage allein zu verbringen. So gern, wie sie sich ihre Eigenständigkeit beweisen, sind sie doch noch mehr von der Zustimmung anderer, insbesondere

Abhängigkeit der des Partners, abhängig. Wer einen solchen Menschen fertigmachen will, muß ihn in seinem tiefverwurzelten Bedürfnis nach einer harmonischen sowie ästhetischen Umgebung frustrieren, und dieser wird völlig aus dem seelischen Gleichgewicht geraten. Die meisten Menschen mit dieser Konstellation sind hoch sensibel, und oft reicht es schon aus, sie beispielsweise wochenlang in einem nicht richtig eingerichteten Büro sitzen zu lassen, um sie ernsthaft in Schwierigkeiten zu bringen.

Da sie jedoch über außergewöhnlich viel Fingerspitzengefühl verfügen und auf andere Menschen offener, charmanter und diplomatischer als »normale« Steinböcke zugehen, kommen sie nur selten in eine Situation, in der ihnen jemand ernsthaft Schwierigkeiten bereiten möchte. Im Gegenteil: Wann immer es um Fragen des guten Geschmacks geht, hört man gern ihren Rat und richtet sich danach. *Diplomatie*

Viele Menschen mit dieser Konstellation sind im weitesten Sinne des Wortes in künstlerischen Berufen tätig. Ob es sich dabei nun um die Tätigkeit eines Friseurs, einer Kosmetikerin, eines Modeschöpfers, einer Innenarchitektin oder eines Designers handelt, in all diesen Berufen spiegeln sich das Bedürfnis und die Fähigkeit wider, den Menschen und seine Umgebung schöner und ansprechender zu gestalten. *Berufe*

Kein Mondzeichen ist in seiner Handlungsfähigkeit so von einer geeigneten Partnerschaft abhängig wie dieses. Wenn ein ansonsten pünktlicher Mensch mit blassem Gesicht zu spät zur Arbeit erscheint, wenn ein sonst freundlicher und aufmerksamer Mitarbeiter mit einemmal mürrisch und in sich gekehrt ist: bei einem Waagemond können Sie sicher davon ausgehen, daß Liebeskummer und Partnerschaftsprobleme dahinterstecken.

Insgesamt sind diese Menschen noch stimmungsabhängiger als andere Steinböcke. Oft haben sie Schwierigkeiten, ihre Gefühle angemessen auszudrücken, und sie leiden sehr unter Mißverständnissen.

»Beziehungsathleten«

Waagemond-Menschen können als »Beziehungsathleten« dieses Tierkreiszeichens bezeichnet werden. Keine andere Mond-Konstellation ermöglicht eine solch ausgeprägte Fähigkeit, sich mit anderen auseinander- und zusammenzusetzen, wie diese. Es gibt kaum etwas in seiner persönlichen Umgebung, das einem Waagemond-Geborenen entgehen könnte. Sobald eine Sache oder ein Umstand mit ihm und seiner Lebenssituation auch nur im entferntesten zu tun haben könnte, interessiert es ihn auch unabhängig davon, wie fremd oder ungewohnt dies sein mag. So lernte eine Klientin mit dieser Konstellation zum Beispiel Türkisch, um sich mit ihrer neuen Nachbarin besser verständigen zu können.

Harmoniebedürfnis

Ihr außerordentliches Harmoniebedürfnis gibt Waagemond-Geborenen den Antrieb und die Fähigkeit, allem, was sie umgibt, insbesondere aber natürlich dem Partner, gerecht werden zu können. Sie wünschen sich aufrichtig, andere zu verstehen, so wie sie auch selbst angenommen und verstanden werden möchten. Es ist nicht einfach, mit einem entwickelten Waagemond-Geborenen Streit zu bekommen, da er in der Regel viel zu sehr versuchen wird, Verständnis für den Standpunkt des anderen aufzubringen.

Die größte Gefahr liegt darin, daß diese Menschen ihre Fähigkeit, andere zu manipulieren, vervollkommnen, während die eigene Persönlichkeitsentwicklung auf der Strecke bleibt. Insbesondere Frauen können schnell dauerhaft Opfer ihrer erlernten Hilflosigkeit werden, zumal dies in unserer Gesellschaft ja auch noch unterstützt und gefördert wird. So gilt beispielsweise eine Frau, die selbständig einen Reifen wechseln kann, für viele immer noch als unweiblich.

Aufgabe

Waagemond-Geborene müssen lernen, ihre Wünsche auch unabhängig von anderen leben zu können. Es fällt ihnen schwer, aufrichtig stolz auf ihre persönlichen Leistungen und Fähigkeiten zu sein, da sie dazu neigen, sich allzusehr über das Urteil anderer zu definieren. Echte Individualität kann nur erworben werden, wenn wir auch konfliktfähig sind, also einem Streit oder einer Auseinandersetzung nicht um jeden Preis aus dem Weg gehen. Wir müssen lernen, Standpunkte zu vertreten, die von anderen nicht geteilt oder sogar bekämpft werden. Es ist hilfreich zu wissen, daß wir, je mehr wir auf diese Weise zu eigenständigen Persönlichkeiten werden, von den Menschen, die uns etwas bedeuten, nicht verlassen werden, sondern diese noch stärker an uns binden. Wer gelernt hat, zu sich selbst zu stehen und sich von der Zustimmung anderer soweit wie möglich unabhängig zu machen, wirkt auf seine Mitmenschen wie ein Magnet auf Eisenfeilspäne.

Unabhängigkeit

Skorpionmond

Wer mit dieser Konstellation geboren wurde, mußte meist schon frühzeitig lernen, daß in diesem Leben nur das wirklich zählt, was man sich selbst unter Anstrengungen und Schwierigkeiten erarbeitet hat. Dabei ist es unerheblich, ob dieser Mensch vordergründig betrachtet eine sogenannte leichte oder schwere Kindheit hatte. In

Existentielle Erfahrungen

jedem Fall wurde er schon zu einem sehr frühen Zeitpunkt mit den letzten Dingen, insbesondere dem Tod, konfrontiert. Auch wenn die meisten diese Erfahrung bald so verdrängt haben, daß jede bewußte Erinnerung daran fehlt, so macht sie sie doch ernsthafter und nachdenklicher als andere. Gerade in der Kindheit wurden sie von ihren Kameraden deshalb kaum verstanden, sie gelten oft als altklug, grüblerisch oder »miesepetrig«. Im Erwachsenenalter legt sich diese Tendenz etwas, doch was bleibt, ist eine instinktive Abneigung gegen alles Oberflächliche.

Sie haben eine sehr ernsthafte und verantwortungsvolle Einstellung dem Leben gegenüber, die manchmal allerdings als verbissen und humorlos mißverstanden wird – zumal man sie nur selten zu den Menschen rechnen kann, die sich durch besondere Lockerheit auszeichnen. Billige Vergnügungen sind ihnen ein Greuel, lieber lesen sie ein gutes Buch oder stürzen sich in ihre Arbeit. Das heißt nicht, daß sie etwas gegen Amüsement oder Unterhaltung hätten, nur legen sie hier eben ein wenig andere Maßstäbe an als die meisten Zeitgenossen.

Was einer Steinbocksonne mit Skorpionmond Vergnügen bereitet, wird von anderen schon als harte Arbeit empfunden. Was jene hingegen als unterhaltsam betrachten, kann die Steinbocksonne zu Tode langweilen.

Es ist nicht leicht, das Vertrauen der Steinbocksonne mit einem Skorpionmond zu gewinnen, denn einmal erlittene Verletzungen vergißt sie niemals. Kaum jemand ist vorsichtiger als diese Sonne-Mond-Kombination. Selbst wenn sie sich an das konkrete Ereignis nicht erinnern kann, die daraus entstandene Verletzung prägt

Vorsicht

das Empfinden und das Gefühlsleben der unter dieser Konstellation Geborenen. So tun sie sich in Freundschaften und Partnerschaften am Anfang ein wenig schwer. Dabei können sie durchaus auf andere zugehen und die Initiative ergreifen, aber sie bleiben vorsichtig und versuchen sich gegen jede Enttäuschung zu schützen. Wer jedoch einmal ihr Vertrauen gewonnen hat, kann mit uneingeschränkter Loyalität rechnen. Haben sie sich schließlich einmal auf jemanden eingelassen, würden sie sich im Sinne des Wortes für diesen Menschen totschlagen lassen, falls es notwendig sein sollte. Keinesfalls verlangen sie das gleiche Engagement von ihren Freunden und Partnern, wissen sie doch, daß sie vielleicht den guten Willen, aber nicht notwendigerweise die Charakterstärke für ein solches Ausmaß an Konsequenz besitzen.

Loyalität

Wenn sie sich jedoch verraten fühlen, zögern sie nicht, Menschen, die ihnen gestern noch sehr nahestanden, von heute auf morgen aus ihrem Leben zu werfen. Sie sind nicht für halbe Sachen zu haben – schon gar nicht in Gefühlsdingen.

So sind sie etwa bereit, sich für ihre Partnerschaften bis an den Rand der Selbstaufgabe einzusetzen und in Krisen nichts unversucht zu lassen, um ihre Beziehung zu retten. Sobald sie jedoch erkennen, daß sie verraten wurden oder daß man ihr Vertrauen mißbraucht hat, können sie den anderen fallenlassen wie eine heiße Kartoffel. Vielleicht bricht es ihnen das Herz – denn ihre Härte und die scheinbare Gleichgültigkeit im äußeren Umgang sagen nichts darüber aus, was in ihrem Inneren vor sich geht –, doch werden sie lieber vor Kummer eingehen,

Selbstaufgabe

als bei einem Menschen zu Kreuze zu kriechen, der ihre Gefühle verraten hat.

Willensstärke und Konsequenz

Es gibt kein Mondzeichen, das über so viel Willensstärke und Konsequenz verfügt wie dieses; was man sich einmal vorgenommen hat, führt man auch gegen größte Widerstände durch. Die unerreichten Stärken der Skorpionmond-Geborenen sind Leidenschaft und Ausdauer. An allem, an das sie sich emotional gebunden haben, halten sie auch fest.

Dies gilt für ihr Liebesleben wie auch für Hobbys oder berufliche Ziele. In Ausdauer und Ehrgeiz sind sie nur noch mit den Steinbock-Geborenen vergleichbar. Doch gehen sie bei der Verwirklichung eines Ideals im Extremfall bis hin zur Selbstzerstörung. Franz Beckenbauer, Charlie Chaplin, Liz Taylor oder Henry Miller haben bei allen Unterschieden doch die unbeirrbare Konsequenz gemeinsam, mit der sie sich aus einfachsten Verhältnissen bis an die absolute Weltspitze emporgearbeitet haben.

Außerdem verfügen sie sehr oft über ein ausgezeichnetes Gedächtnis, und die Lernfähigkeit bleibt bei aktiven Persönlichkeiten das gesamte Leben erhalten. Sie vergessen ihre Gefühle niemals, vor allem nicht, wenn ihnen jemand einmal aus einer Notlage geholfen hat. Derjenige kann sicher sein, daß Skorpionmond-Geborene keine Gelegenheit auslassen werden, um sich angemessen zu revanchieren.

Empfindungsfähigkeit

Doch häufig läßt sie ihre außergewöhnliche Empfindungsfähigkeit lediglich das zur Kenntnis nehmen, was sie auch wahrnehmen wollen. So können schwierige Zeiten besser überstanden werden. Unerfreuliches wird, wenn nötig, einfach ausgeblendet, als ob es nicht existierte.

Sie lassen sich weder auf Aufgaben noch auf Menschen allzu schnell und intensiv ein. Haben sie jedoch einmal wirklich Feuer gefangen, sind sie zu einer Leidenschaftlichkeit fähig, die keinerlei Kompromisse zuläßt.

Entwickelte Menschen mit dieser Konstellation verfügen oft über eine außerordentliche Gefühlstiefe, die sie in eine individuelle Symbolsprache übersetzen. Auf diese Weise erklärt sich auch ihr phänomenales Gedächtnis. Sie müssen sich nur daran erinnern, wie sie sich in einer bestimmten Situation gefühlt haben, schon fallen ihnen auch alle anderen Begleitumstände ein. Ihre Überzeugungen und Ideale strahlen sie mit einer Intensität aus, daß schwache Naturen aufpassen müssen, daß sie sich nicht daran verbrennen. Ohne dogmatisch zu sein, sind sie doch in allen Gefühlsdingen klar und eindeutig. So weiß man immer, woran man bei ihnen ist.

Gefühlstiefe

Die Fähigkeit zur Eindeutigkeit ist sicherlich ausgesprochen beneidenswert. Leider birgt sie auch die Gefahr in sich, einseitig zu werden und stur an seinen Fehlern festzuhalten. Nichts ist gefährlicher für Skorpionmond-Geborene als Intoleranz und Selbstgerechtigkeit.

Schützemond

Wer die Sonne im Steinbock und den Mond im Schützen stehen hat, gehört zu den echten Visionären und unerschütterlichen Optimisten, eine Einstellung, die für dieses Tierkreiszeichen nicht gerade typisch ist. Besonders in-

Visionäre

teressant ist hier die Mischung aus kreativer Phantasie und knallhartem Realitätssinn.

Es fällt den Menschen mit dieser Konstellation leicht, große Zusammenhänge zu erkennen, für die den anderen einfach der Blick fehlt. Selbst schwierigste Erfahrungen in der Vergangenheit können sie nicht davon abhalten, unerschütterlich an eine bessere Zukunft zu glauben, und sie tun im Rahmen ihrer Möglichkeiten alles, damit diese auch eintritt.

Praxisorientierung

Fast immer haben sie ein ausgeprägtes Interesse an philosophischen und religiösen Themen, solange sie einen praktischen Nutzen darin erkennen können, der sich im Leben auch umsetzen läßt. Rein theoretische oder abstrakte Überlegungen hingegen empfinden sie als nutzlos.

Viele Menschen mit dieser Konstellation lieben Fernreisen oder haben sogar beruflich mit dem Ausland zu tun. Durch ihre ungewöhnliche Offenheit und Toleranz haben sie keinerlei Probleme, mit Menschen unterschiedlichster Kulturkreise zurechtzukommen, solange ihr Gegenüber im Gegenzug bereit ist, sie ebenfalls so zu akzeptieren, wie sie nun einmal sind.

Begeisterungsfähigkeit

Bedingt durch ihre außerordentliche Begeisterungsfähigkeit neigen sie dazu, manchmal sich selbst und ihre Möglichkeiten zu überschätzen. Sie vergessen dann einfach, daß der Tag nur 24 Stunden hat und sie unmöglich all die Versprechungen einlösen können, die sie in ihrer Begeisterung und voll des besten Willens gegeben haben. So wirken sie oft auf andere für eine Weile faszinierend, während sie am Ende dann als Aufschneider dastehen, auf dessen Wort kein Verlaß ist. Derartige Erfahrungen kränken sie tief – trotz aller positiven Weltsicht –, schließlich haben sie es wirklich gut gemeint und wollten doch nur helfen. Die größte Herausforderung ist für sie deshalb, sich mit den Begrenzungen der Alltagswirklichkeit abzufinden. Dies fällt ihnen besonders schwer, weil sie voller Begeisterung von einer besseren Welt träumen, von der sie in ihren optimistischsten Momenten genau zu wissen glauben, wie diese innerhalb kürzester Zeit herbeizuführen sei.

Alltag

Der größte Fehler, den man begehen kann, ist, sie als weltfremde Träumer abzutun. Denn wenn jemand die Kraft hat, eine gute, noch nie dagewesene Idee in die Tat umzusetzen, dann sie.

Um in einem Bereich wirklich den Durchbruch zu schaffen, brauchen sie jedoch die Unterstützung durch ihren Freundes- und Bekanntenkreis. Nur wenn sie wissen, daß andere an sie glauben, sind sie auch in der Lage, Außergewöhnliches zu leisten, sei es im Beruf oder in irgendeinem anderen Lebensbereich. Fehlt ihnen die Unterstützung durch den Partner und die soziale Umwelt, können Begeisterung und optimistische Weltsicht von einem Moment zum nächsten in tiefe Depressionen umschlagen. Ihre Gefühle sind immer groß, sei es nun Freude oder Verzweiflung; mit Halbheiten geben sie sich nicht ab – und bei ihren Emotionen schon gar nicht.

Große Gefühle

Doch so schnell, wie sie in das tiefe Loch völliger Niedergeschlagenheit fallen können, so unvermittelt krabbeln sie auch wieder heraus, ohne daß man ihnen auch nur eine Blessur anmerken würde. Schließlich zählt für sie die Vergangenheit (fast) nichts und die Zukunft alles.

Menschen mit einem sparsameren Seelenleben fühlen sich durch den Schützemond oft emotional überfordert – sie sind diesem Ausmaß schnell wechselnder intensivster Emotionen und Ideen einfach nicht gewachsen und fühlen sich manchmal regelrecht erschlagen. Das macht auch für ihre Partner und Lebensgefährten den Umgang mit ihnen gelegentlich ein wenig schwierig. Aber ihr Lebensmut ist ansteckend. Denn es ist faszinierend, wie sie sich diesem Leben trotz all seiner Schwierigkeiten mit so viel Begeisterung stellen.

Lebensmut

Steinbockmond

Konventionen

Steinböcke machen sich viel aus gesellschaftlichen Konventionen, diejenigen mit einem Steinbockmond ganz besonders. Ihnen sind öffentliche Anerkennung und Karriere wichtig. So ergeben sich Ehrgeiz und Zielstrebigkeit fast schon zwangsläufig. Langfristige Planung ist für sie etwas Selbstverständliches, und sie können geduldig warten, bis ihre Zeit gekommen ist. Viele Menschen mit dieser Konstellation nehmen langjährige Ausbildungen und umfangreiche Schulungen in Kauf, um einmal den gesellschaftlichen Status zu erreichen, den sie anstreben. Immer wieder aber hat die Steinbocksonne mit ihrem Hang zu zögerlichen Entscheidungen zu kämpfen. Oft ist dann ein erheblicher Aufwand nötig, um verpaßte Chancen doch noch nutzen zu können.

Auffällig häufig ist hier ein Interesse an gesellschaftlichen, politischen und sozialen Fragen vorhanden, so daß oft auch ein Beruf aus diesem Bereich gewählt wird. So haben zum Beispiel viele besonders fähige Juristen und Sozialarbeiter diese Konstellation.

Sparsamkeit

Sie sind die mit Abstand sparsamsten Vertreter ihres Zeichens, Verschwendung, gleich in welcher Form, ist ihnen ein Greuel. Lieber drehen sie jeden Pfennig dreimal um, bevor sie ihr Geld für unnötige Anschaffungen ausgeben. Ihre Mitmenschen werden unter ihrem besonders sorgfältigen Umgang mit den Finanzen jedoch nur in den seltensten Fällen zu leiden haben. Im Gegenteil: Fast immer besitzen sie einige Rücklagen, und sie sind stets bereit, einem Freund, der in wirtschaftlichen Schwierigkeiten steckt, auszuhelfen.

Eine ihrer herausragenden Eigenschaften ist ihr außergewöhnlicher Gerechtigkeitssinn. Von Fairneß halten sie sehr viel – so viel, daß sie auch bereit sind, für deren Durchsetzung persönliche Nachteile in Kauf zu nehmen. Einen Mangel an Konsequenz oder besonderen Egoismus wird ihnen deshalb kaum jemand vorwerfen können.

Nach außen hin wirken sie wie stabile, unkomplizierte und geradlinige Persönlichkeiten. Ihre oft vorhandene Unsicherheit in Gefühlsdingen merkt man ihnen schwerlich an.

Ordnung

Schließlich sind sie fast immer ordentlich, zuverlässig und systematisch. Das wird von ihrer Umgebung automatisch mit Selbstsicherheit gleichgesetzt. Außenstehende sind davon überzeugt, daß sie ihr Leben fest im Griff haben und immer genau wissen, wo es langgeht.

Ihr Leben ist so gut wie immer von einem geregelten Tagesablauf geprägt. Dabei scheinen sie alles Zufällige und Unkalkulierbare aus ihrem Umfeld verbannen zu wollen. Unordnung und die Unwägbarkeiten des Lebens machen ihnen manchmal regelrecht angst.

Trendgespür

Die herausragendste und einmalige Fähigkeit der Steinbockmond-Geborenen ist ihre unmittelbare seelische Ankopplung an gesellschaftliche Phänomene und Prozesse. So wird beispielsweise ein Boutiquebesitzer instinktiv wissen, welche Mode die Menschen im nächsten Sommer kaufen wollen, und sich entsprechend einrichten. Ein Buchhändler wird die kommenden Bestseller bereits vor ihrem Durchbruch auf Lager haben – und so weiter.

Prominente Beispiele

Das persönliche Empfinden ist einfach sehr stark angekoppelt an das, was gesellschaftliche Norm ist oder bald sein wird. Auch der NS-Propagandaminister Goebbels hatte diese Konstellation. Auf der anderen Seite setzte Papst Johannes XXIII. Maßstäbe, was die Aussöhnung der Menschen im allgemeinen und die der christlichen Kirche im besonderen anging. Der ehemalige Schauspieler Karlheinz Böhm leistet Vorbildliches und Bewundernswertes mit seiner Aktion »Menschen für Menschen« gegen Hunger und Armut in Äthiopien. Hemingway und Fassbinder schufen in ihrem jeweiligen Œuvre Zeitporträts von ungeschönter Präzision. Keiner karikierte meines Erachtens das deutsche und vor allem das bayrische Spießertum treffender als Karl Valentin, während für mich der Maler Max Ernst in seinem Genre den genauesten Spiegel des Zeitgeistes unseres Jahrhunderts schuf. Diese sehr unterschiedlichen Beispiele wurden ganz bewußt nebeneinandergesetzt: Allen gemeinsam ist die enge Verknüpfung mit gesellschaftlichen Prozessen. Niveau und Verwirklichungsbereich sind selbstverständlich sehr unterschiedlich.

Konsequenz und Ausdauer

Neben den Skorpionmond-Geborenen sind Steinbockmonde sicherlich die Menschen mit der größten Konsequenz und Ausdauer in der Verfolgung ihrer Ziele. Sie konzentrieren sich ausschließlich auf das Wesentliche und lassen sich durch nichts und niemanden von ihren Vorsätzen abbringen.

Da sie in ihrem Gefühlsleben ja gleichzeitig »auf der Welle der Zeit« schwimmen, wird es allerdings nicht allzu häufig vorkommen, daß ihnen ernsthaft Steine in die Wege gelegt werden. Selbst eine Marianne Bachmeier kam ja mit einer verblüffend milden Strafe davon, nicht zuletzt wohl deshalb, weil sich der größte Teil der Nation mit ihrem Verhalten identifizieren konnte.

Blockaden

Drei Bereiche, die eng miteinander zusammenhängen, können die persönliche Entwicklung der Steinbockmond-Geborenen blockieren: die Angst vor Gefühlen und emotionaler Geborgenheit, die Hemmung, sich Konflikten oder unschönen Auseinandersetzungen zu stellen, und die genau aus diesem Grund vorhandene Neigung, allzu intensiven persönlichen Beziehungen aus dem Weg zu gehen.

Die großen Dinge des Lebens sind für sie kein Problem, die kleinen aber schon. So kann einer ein Firmenimperium aufbauen, ohne jemals gelernt zu haben, Mitarbeiter angemessen zu kritisieren und umgekehrt auf deren Kritik einzugehen. Ein anderer mag ein herausragender Wissenschaftler sein, ohne die Zeit zu finden, eine Familie zu gründen. Alles, was mit echten persönlichen zwischenmenschlichen Beziehungen zu tun hat, ist für sie die größte Herausforderung überhaupt. Sich auf Menschen einzulassen, ohne daß es klare Spielregeln und Bedienungsanweisungen gibt, verunsichert die Steinbockmond-Geborenen mehr als alles andere – und es verschafft ihnen die größte Befriedigung, wenn es ihnen doch gelingt, über ihren Schatten zu springen.

Aufgabe

Auffällig ist ihr empfindsames Reagieren auf die Mondphasen. Das gilt insbesondere für den Vollmond, aber auch für den Neumond. In diesen Tagen sollten sie nach Möglichkeit Alkohol meiden und keine besonders schwierigen oder riskanten Dinge unternehmen.

☽

Wassermannmond

Individualisten

Steinböcke sind nicht in erster Linie ausgeprägte Individualisten, solche, die den Mond im Wassermann stehen haben, aber schon. Diese widersprüchlichen Persönlichkeiten können niemanden kaltlassen – entweder man liebt und bewundert sie, oder man hält sie für verschrobene Exzentriker, die sich hinter einer scheinbar harmlosen Fassade verstecken. In der Tat ist der Umgang mit ihnen nicht immer leicht: Dinge, die sie gestern noch begeistert haben, können ihnen heute vollkommen gleichgültig sein. Doch sprunghafte Stimmungswechsel und Einstellungsänderungen sind ihre Stärke und nur selten eine Schwäche. Denn immer sind sie auf der Suche nach dem Neuen, Außergewöhnlichen und Originellen. Alltägliches gibt es schließlich schon genug, und sie sind nicht auf dieser Welt, um sich mit Trivialitäten abzugeben. So haben denn auch viele Künstler und Lebenskünstler diese Konstellation. Da sie in hohem Maße von ihren Stimmungen abhängig sind und aus diesen auch ihre besondere Kreativität beziehen, können sich nur wenige an einen geregelten Tagesablauf gewöhnen. Das macht ihnen die Arbeit in einem normalen Beruf natürlich nicht leicht, und wann immer möglich, werden sie sich eine Tätigkeit wählen, die ihnen größtmöglichen Freiraum in der Gestaltung ihrer Arbeitszeit läßt. So wichtig ihnen ihr persönlicher Freiraum auch ist, so liegt den höherentwickelten Persönlichkeiten doch viel daran, sich diesen nicht auf Kosten anderer zu verschaffen. Sie möchten nicht nur einfach ihr »eigenes Ding« machen, sie sind auch fast immer bestrebt, mit ihren originellen Fähigkeiten die Welt oder doch zumindest ihre persönliche Umgebung ein wenig menschlicher, bunter und phantasievoller zu machen.

Stimmungsabhängigkeit

Oft besitzen Menschen mit einem Wassermannmond ein ausgesprochen komisches Talent, das ihr Publikum auf unterhaltsame Weise zum Nachdenken anregt. Sie verfügen über die natürliche Gabe, sich über eine Situation zu stellen, Angriffe und Kritik an sich abperlen zu lassen und so zu tun, als ob jemand ganz anderer gemeint wäre. In den meisten Fällen reicht das schon, um den Gegner ins Leere laufen zu lassen.

Komisches Talent

Wer unter dieser Konstellation geboren wurde, für den ist nicht das Außergewöhnliche, sondern der Alltag eine echte Herausforderung – zum Beispiel Rechnungen pünktlich zu bezahlen oder den Garten in Ordnung zu halten.

☽

Fischemond

Wenn Sie einen Steinbock kennen, aus dem Sie auch nach langer Zeit und trotz ernsthaften Bemühens einfach nicht schlau werden, ist die Wahrscheinlichkeit hoch, daß sein Mond in den Fischen steht. Das ist auch weiter kein Wunder, denn in der Regel sind diese Menschen sich selbst ein Rätsel. Und wenn sie sich selbst schon nicht begreifen, wie sollen es dann erst andere können?

Rätselhaftigkeit

Ihre Stärke ist, daß sie – darin sind sie den Schützemond-Geborenen ähnlich – für so ziemlich alles und jeden Verständnis aufbringen können, allerdings ohne daß sie deshalb immer automatisch damit einverstanden wären. Da sie gleichzeitig auch gute Zuhörer sind, fühlt sich ihr Gegenüber verstanden und kann selbst Kritik akzeptieren, ohne sich verletzt zu fühlen.

Ihre größte Schwierigkeit im Umgang mit sich selbst ist hingegen, daß sie im Leben immer wieder Phasen durchlaufen, in denen sie beim besten Willen nicht wissen, was sie wollen – das aber mit aller Macht. In solchen Perioden sind sie ruhelos, grüblerisch und mit sich und der Welt zutiefst unzufrieden. Wann immer es möglich ist, sollten sie in solchen Zeiten eine kreative Pause einlegen und sich an einen Ort zurückziehen, wo sie ungestört ihren Gedanken nachhängen können. Je mehr es ihnen gelingt, abzuschalten und sich von dem Zwang, immer etwas tun zu müssen, zu befreien, um so schneller werden sie ihre innere Klarheit zurückgewinnen. Voller neuer Ideen und mit frischem Elan kehren sie dann wieder in die Alltagswelt zurück.

Ruhepausen

Überhaupt besitzen diese Menschen eine ganz außerordentliche Sensibilität in Verbindung mit einem scheinbar unerschöpflichen seelischen Energiereservoir. Mehr als andere neigen sie deshalb auch dazu, sich bis zur völligen Erschöpfung zu verausgaben. Schon allein aus diesem Grund sind regelmäßige Erholungsphasen und Rückzugsmöglichkeiten dringend notwendig.

Höherentwickelten Persönlichkeiten ist – trotz der durchaus häufig vorhandenen Heimatliebe – jede Form von Stammtischpatriotismus fremd. Kulturelle und soziale Unterschiede sind ihnen nicht so wichtig, auch wenn sie die damit verbundenen Probleme im praktischen Leben durchaus sehen. Für sie persönlich zählen jedoch ausschließlich der Charakter eines Menschen und nicht seine Herkunft oder sein Bildungsgrad.

Zu Menschen, die ihnen nicht liegen, suchen sie eine höfliche Distanz, aus der jeder ungestört seine eigenen Wege gehen kann. Offenem Streit oder aggressiven Auseinandersetzungen stellen sie sich nur, wenn sich dies überhaupt nicht vermeiden läßt. Das bedeutet mitnichten, daß sie feige wären, doch in der Regel sind sie einfach davon überzeugt, daß es produktivere Möglichkeiten gibt, Meinungsverschiedenheiten auszutragen, als sich zu bekämpfen.

Höfliche Distanz

Neben der ungewöhnlichen Phantasie und der oftmals vorhandenen künstlerischen Begabung besitzen sie auch eine starke Intuition. Kaum jemand versteht es besser, zur richtigen Zeit am richtigen Ort zu sein, als Menschen, die unter dem Fischemond geboren wurden.

Intuition

Die größte Schwierigkeit mit dieser Konstellation mag die Einsicht sein, daß es keinen anderen Sinn im Leben gibt außer dem, den wir ihm selbst geben. Da es für Fischemonde keine verbindlichen Vorgaben gibt, an denen sie sich orientieren und festhalten könnten, müssen sie lernen, sich selbst die Welt zu »erschaffen«, in der sie leben wollen und können. Der Fischemond bietet die größte Chance zur Freiheit, aber er stellt auch die größte Herausforderung aller Mondzeichen dar.

Was kommt auf den Steinbock zu?

Welcher Tag wofür geeignet ist

Ein wichtiger Bereich der Astrologie ist die Prognose, also die »Vorhersage« zukünftiger Ereignisse. Viele Astrologen machen keine Prognosen mehr, weil sie meinen, damit seriöser zu wirken und bei ihren Gegnern eher anerkannt zu werden. Ich habe allerdings den Verdacht, daß die meisten vor Zukunftsdeutungen zurückschrecken, weil sie es einfach nicht können. So versucht also mancher, aus der Not eine Tugend zu machen. Nützen tut dies niemandem. Kein Astrologiegegner läßt sich bekehren, weil manche Astrologen keine Prognosen mehr machen. Und wer die Dienste eines Astrologen beansprucht, möchte im allgemeinen doch etwas über seine Zukunft erfahren. Auch Meister der Astrologie geben zu, daß nicht jede Vorhersage exakt eintrifft. Das ist aber weder schlimm noch ein auf die Astrologie begrenztes Phänomen: Die Leistungen der modernen Meteorologie sind unbestritten, und dennoch kann es immer wieder passieren, daß man beispielsweise im Auto sitzt und den Wetterbericht hört, dem zufolge es besonders schön sein soll, während man die Scheibenwischer laufen läßt, weil es draußen in Strömen schüttet. Und es gibt viele Menschen, die gesund und munter sind, obwohl ihnen ein Arzt vor Jahren nur noch wenige Wochen Lebenserwartung prophezeit hat.

Prognose

Astrologen sind keine Wahrsager, und unfehlbar sind sie schon gar nicht. Diese Eigenschaften teilen sie mit den meisten anderen Menschen. Trotzdem ist die Bestimmung der Chancen und Risiken zukünftiger Ereignisse sinnvoll und nützlich. So mancher liebeskranke Jüngling würde viel darum geben, wenn er den Tag wüßte, an dem die Aussichten, bei seiner Angebeteten Gehör zu finden, am größten sind. Sicherlich würde er auch hinnehmen, daß er sich eventuell noch ein Weilchen gedulden muß. Um so mehr, wenn ihm bewußt ist, daß übereiltes Handeln alles verpatzen könnte oder seine Herzdame gar in die Arme eines anderen treibt.

Bestimmung der Chancen

Genau das kann die Astrologie leisten: zu bestimmen, wann Ihre Chancen, erfolgreich zu sein, besonders gut sind und wann man von etwas besser die Finger läßt. Dies ist sogar so einfach, daß man kein Experte sein muß, um günstige und kritische Tage zu bestimmen. Und so geht's:

Als erstes benötigen wir den Geburtstag des Menschen, für den wir die Prognose machen wollen. Nehmen wir als Beispieldatum den 10.4., das Geburtsjahr spielt keine Rolle.

Begegnungszeitraum

6 Monate nach dem Geburtstag finden Sie den Begegnungszeitraum. Das ist in unserem Beispiel der 10.10. plus/minus 5 Tage, also vom 5. bis zum 15.10. Dies ist die günstigste Zeit im Jahr, um jemanden kennenzulernen, sich mit anderen auszusöhnen oder einfach etwas mit den Menschen zu unternehmen, die einem am meisten bedeuten. Je mehr Sie sich in diesen Tagen auf andere statt auf sich selbst konzentrieren, um so mehr werden Sie von dieser Zeit profitieren. *Die für Sie persönlich günstigsten Zeiträume finden Sie 4 und 8 Monate nach dem Geburtstag*. In unserem Beispiel wären dies also der 10.8. und der 10.12. Auch hier gilt wie in allen anderen Fällen ein Zeitraum von plus/minus 5 Tagen. Alles, was Sie jetzt beginnen, hat größere Chancen als sonst, zu einem erfolgreichen Ergebnis zu gelangen. Passieren wird in diesen Phasen allerdings nur selten etwas Außergewöhnliches. Hier gilt das englische Sprichwort: »No news is good news« (Keine [schlechten] Nachrichten sind gute Nachrichten). Diese Konstellation wirkt sich genau umgekehrt aus wie die 3 und 9 Monate nach dem Geburtstag.

Persönlich günstiger Zeitraum

Schließlich sollen noch zwei Zeiträume genannt werden, die besonders für berufliche und geschäftliche Reisen geeignet sind. Sie eignen sich auch bevorzugt für Verhandlungen und Gespräche, Veränderungen in der Wohnung oder am Haus sowie für das Zusammentreffen mit Freunden oder Geschäftspartnern. Die Daten sind 2 und 10 Monate nach dem Geburtstag. In unserem Beispiel wären das der 10.6. und der 10.2.

Beruf und Reise

Da sich diese Daten jedes Jahr wiederholen, genügt es, sie einmal zu berechnen und zu notieren. Wenn Sie die hier gemachten Aussagen mit den Ereignissen in Ihrer persönlichen Vergangenheit überprüfen, werden Sie mit Sicherheit feststellen, daß sich so häufig treffende Übereinstimmungen ergeben, daß schon böser Wille oder Ignoranz notwendig sind, um hier noch von »reinem Zufall« sprechen zu können. Eine besonders kritische Zeit, in der Sie besser keine wichtigen Entscheidungen treffen und in der Sie nicht unnötig Riskantes unternehmen sollten, ist *3 Monate nach*

Kritische Zeit

dem Geburtstag. Da der April der 4. Monat im Jahr ist, rechnen wir einfach 4 + 3 und kommen so auf den 10.7. Die Zeit 5 Tage vor bis 5 Tage nach diesem Datum ist nun ein Zeitraum, während dessen besondere Vorsicht angebracht ist.

Die gleiche Konstellation gilt *9 Monate nach dem Geburtstag.* Bei unserem Beispieldatum wäre dies der 10.1., 4 + 9 = 13. Auch hier gilt wieder der Zeitraum plus/minus 5 Tage, somit der 5. bis 15.1.

Auf diese Weise haben Sie einfach und zuverlässig die beiden Zeiträume im Jahr bestimmt, in denen Sie besser nicht aktiv werden sollten, weil die Gefahr, Fehler zu machen, größer als sonst ist. Diese beiden Daten sind jedoch nicht durchweg problematisch, das gilt nur für das eigene Handeln und für Entscheidungen von großer Tragweite.

Positive Ereignisse

Dafür sind die Chancen, daß Ihnen Positives widerfährt, höher als sonst. Das mag wie ein Widerspruch klingen, ist es aber nicht: In den genannten Zeiträumen hat schon mancher eine Gehaltserhöhung bekommen, oder er erhielt einen wichtigen Brief, auf den er schon lange gewartet hatte. Möglicherweise schenkt Ihnen jemand etwas, oder Sie finden einen verlorengegangenen Gegenstand wieder. All dies sind jedoch Vorgänge, die Sie nicht direkt beeinflussen können. Man erlebt sie als glückliche Zufälle oder als das Ergebnis von Aktivitäten, die schon zurückliegen. Je offener Sie sind, je mehr Sie bereit sind, in diesen Tagen die Dinge einfach auf sich zukommen zu lassen, um so größer ist die Chance, daß aus Unglückstagen Glückstage werden.

Genauere Aussagen lassen sich treffen, wenn Sie berücksichtigen, daß die Konstellationen in den meisten Fällen am stärksten am berechneten Datum bis 2 Tage danach »wirken«. In unserem Beispiel wären das also der 10. bis 12. in den jeweiligen Monaten.

Glücks- und Unglückszahlen

Diese Aussagen lassen sich wiederum präzisieren, wenn Sie die im übernächsten Abschnitt beschriebenen persönlichen Glücks- und Unglückszahlen mit einbeziehen. Hierzu müssen Sie lediglich das Datum in eine ein- und eine zweistellige Zahl verwandeln. Greifen wir wieder auf unser Beispiel zurück und wählen den 10.10.1997. (Bei dieser Rechnung muß die Jahreszahl mit einbezogen werden.) Um zu einer ein- und einer zweistelligen Zahl zu gelangen, müssen Sie lediglich die Quersumme des Datums bilden, das heißt die einzelnen Ziffern addieren: 1 + 1 + 1 + 9 + 9 + 7 = 28; 2 + 8 = 10; 1 + 0 = 1. Der 10.10.1997 ergibt also zwei zweistellige und eine einstellige Zahl: 10, 28 und 1. Jetzt müssen Sie lediglich nachschauen, ob eine dieser Zahlen zu Ihren persönlichen Glücks- oder Unglücksdaten gehört. Da in unserem Beispiel der 10.10. der Stichtag des persönlichen Begegnungszeitraumes ist, ergeben sich folgende Deutungen:

- *Glückszahl:* deutlich erhöhte Wahrscheinlichkeit für positive zwischenmenschliche Kontakte und angenehme Erlebnisse im Partnerschaftsbereich;
- *Unglückszahl:* deutlich erhöhte Wahrscheinlichkeit für wichtige Erlebnisse im Begegnungsbereich, die jedoch nicht frei von Spannungen und Konflikten sein werden;

- *keine Zahl:* allgemein erhöhte Ereigniswahrscheinlichkeit im Begegnungsbereich, die jedoch nicht annähernd so groß ist wie die Auslösung durch Glücks- oder Unglückszahlen.

Wer es genau wissen möchte, berechnet die Zahlen für den gesamten Ereigniszeitraum.

Diese Technik ist sehr einfach. Überprüfen Sie einige Ereignisse der Vergangenheit, und machen Sie sich ein eigenes Bild von ihrer Treffsicherheit. Die besten Entsprechungen werden Sie bei der Übereinstimmung mit persönlichen Unglücks- oder Glückszahlen finden, die auf den Stichtag plus/minus zwei Tage fallen.

Was den Steinbock im Lauf des Jahres erwartet

Vorhersage

Wohl jeder würde gern wissen, was die nächste Zukunft für ihn bereithält, erst recht, wenn er sich für Astrologie interessiert. Um eine allgemeine Übersicht zu erhalten, gibt es eine sehr einfache und effektive Methode: Merken Sie sich genau die Ereignisse am Tag vor Ihrem Geburtstag, am Geburtstag selbst und einen Tag nach dem Geburtstag. So, wie es Ihnen an diesen Tagen im kleinen geht, so verläuft im großen das darauffolgende Lebensjahr. Das heißt, der Tag vor dem Geburtstag entspricht dem ersten Jahresdrittel, der Geburtstag dem zweiten und der Tag nach dem Geburtstag dem dritten.

Ein Beispiel aus der Praxis: Ein junger Mann fiel bei Reparaturarbeiten an seinem Haus

Der Astronomus.

So bin ich ein Astronomus/
Erkenn zukünfftig Finsternuß/
An Sonn und Mond/durch das Gestirn
Darauß kan ich denn practiciern/
Ob künfftig komm ein fruchtbar jar
Oder Theuwrung und Kriegßgefahr/
Und sonst manicherley Kranckheit/
Milesius den anfang geit.

Astronomus: Bild von Jost Amman und Vers von Hans Sachs aus »Eygentl. Beschreibung Aller Stände auff Erden«, Frankfurt 1568 einen Tag vor seinem Geburtstag von einer Leiter und verstauchte sich ein Fußgelenk. Am Geburtstag mußte er gegen seine ursprüngliche Absicht arbeiten, da ein Kollege krank geworden war. Als er später heimkam, um mit seiner Frau endlich zu feiern, war er so überreizt, daß es zum Streit kam und der ganze Abend verdorben war. Am darauffolgenden Tag sorgte er dafür, daß er früher als sonst heim konnte. Er versöhnte sich mit seiner Frau, die beiden beschlossen spontan, den Abend nachzufeiern. Sie gingen aus und verstanden sich so gut wie schon lange nicht mehr. Der Streit war vergessen und begraben.

Beispiel

Zwei Monate später zog sich der junge Mann beim Skilaufen einen komplizierten Beinbruch zu, der ihn für sechs Monate arbeitsunfähig machte. Die ganze Zeit über war unklar, ob sein Bein wieder vollständig gesunden würde. Zusätzlich bedrückte ihn die Sorge um seinen Arbeitsplatz. Die erzwungene Untätigkeit und die Ungewißheit setzten ihm so zu, daß er phasenweise trank und das Verhältnis zu seiner Frau immer schlechter wurde. Im zweiten Jahresdrittel entlud sich die angespannte Situation in einem schlimmen Ehekrach. Nervlich am Ende und unter Alkoholeinfluß schlug er sogar seine Frau, was ihm sonst nie in den Sinn gekommen wäre. Noch am selben Abend zog diese zu einer Freundin. Der junge Mann verfiel jetzt kurzzeitig vollständig dem Alkohol. Er änderte seine Lebensweise jedoch radikal, als der Gips entfernt wurde und sich zeigte, daß sein Bein vollständig verheilt war. Er hatte nicht, wie befürchtet, seinen Arbeitsplatz verloren. Sofort stellte er seinen übermäßigen Alkoholkonsum ein. All dies gab ihm die Kraft, einzusehen, in welchem Maße er selbst zu der traurigen Entwicklung in seiner Ehe beigetragen hatte. Er bemühte sich darum, seine Frau zurückzugewinnen, was ihm auch schließlich gelang. Drei Monate vor seinem Geburtstag kam es zu einem ausgedehnten Treffen zwischen beiden, bei dem sie zum erstenmal offen über die Probleme in ihrer Ehe sprachen. Nach der Aussöhnung verstanden sich beide besser als je zuvor.

Zugegeben, nicht immer sind die Entsprechungen so offensichtlich wie in diesem Bilderbuchbeispiel. Aber glücklicherweise werden wir ja auch nicht jedes Lebensjahr von solch dramatischen Ereignissen gebeutelt. Wer sich die Mühe macht und die Ereignisse um vergangene Geburtstage mit denen der darauffolgenden Lebensjahre vergleicht, lernt schnell, diese Zusammenhänge zu sehen und zu verstehen. Mit ein wenig Kreativität können Sie dann auch Ihren letzten Geburtstag untersuchen und eine Prognose für das laufende Lebensjahr wagen. Wer es noch genauer wissen möchte, der sei auf den nachfolgenden Abschnitt verwiesen.

Zusammenhänge verstehen

Nur einen Fehler sollten Sie unbedingt vermeiden: Lassen Sie sich nicht ins Bockshorn jagen, Bangemachen gilt nicht. Verderben Sie sich nicht zukünftige Geburtstage durch die Angst vor jedem noch so kleinen Mißklang! Wer derartige Zusammenhänge zu ernsthaft und besorgt betrachtet, geht in die Falle lebensfeindlichen Aberglaubens. Das ist nicht der Sinn der Sache. Eine neugierig-humorvolle Herangehensweise ist hier sicherlich das beste Gegenmittel.

Aberglaube

Die persönlichen Glücks- und Unglückszahlen

Die Glückszahl des Steinbocks ist die 8. Das gilt auch für ihre Vielfachen, also 16, 24, 32 und so weiter sowie für alle Zahlen, die auf die Ziffer 8 enden. Das heißt, für Steinböcke sind zum Beispiel das 8., das 16., das 18., das 24., das 32. und das 38. Lebensjahr von entscheidender Bedeutung, meist im positiven Sinne.

Günstige Tage

Wer möchte, kann diese Entsprechungen auf die Tage eines Monats anwenden. Hier wären also der 8., der 16., der 18., der 24. und der 28. besonders günstig. Von noch größerem Vorteil ist es, wenn ein solches Datum auf einen Samstag fällt, weil Saturn der Regent dieses Tages ist.

Eine weitere Steigerung ist möglich, wenn die Quersumme des untersuchten Datums ebenfalls 8 beträgt. Die Quersumme finden wir, indem wir die Ziffern eines Datums einfach zusammenzählen. Beispiel: 8.1.1970 = 8 + 1 + 1 + 9 + 7 + 0 = 26. 2 + 6 = 8.

Natürlich läßt sich dieses Spiel auch anwenden auf Autonummern, Hausnummern oder die Zahlen, auf die man beim Roulette setzt. Allerdings kann man alles so übertreiben, daß aus einer guten Sache eine schlechte wird.

Unglückszahlen

Unglückszahlen des Steinbocks sind die 5 und die 9. Die Anwendungsregeln sind die gleichen wie bei den Glückszahlen. Auch hier sollte man Übertreibungen vermeiden. Nur ein ausgesprochen dummer Steinbock läßt sich etwa den Partner seiner Träume durch die Lappen gehen, weil dieser etwa zum Zeitpunkt des Kennenlernens 25 Jahre alt war.

Der aufmerksame Leser wird bemerkt haben, daß es Zahlen geben muß, die gleichzeitig Glücks- und Unglückszahlen sind, zum Beispiel 18. Hier ist anzumerken, daß die Quersumme immer bedeutsamer ist als die letzte Ziffer. Die 18 ist also eher als kritisch zu bewerten (1 + 8 = 9).

Ergänzungs- und Begegnungszahlen

Zu guter Letzt in diesem Zusammenhang sollen noch die Ergänzungs- oder Begegnungszahlen erwähnt werden. Diese sind beim Steinbock die 2 und die 7. Alle Daten, die auf 2 oder 7 enden und/oder als Quersumme 2 oder 7 ergeben, sind für Begegnungen und zwischenmenschliche Kontakte aller Art besonders geeignet.

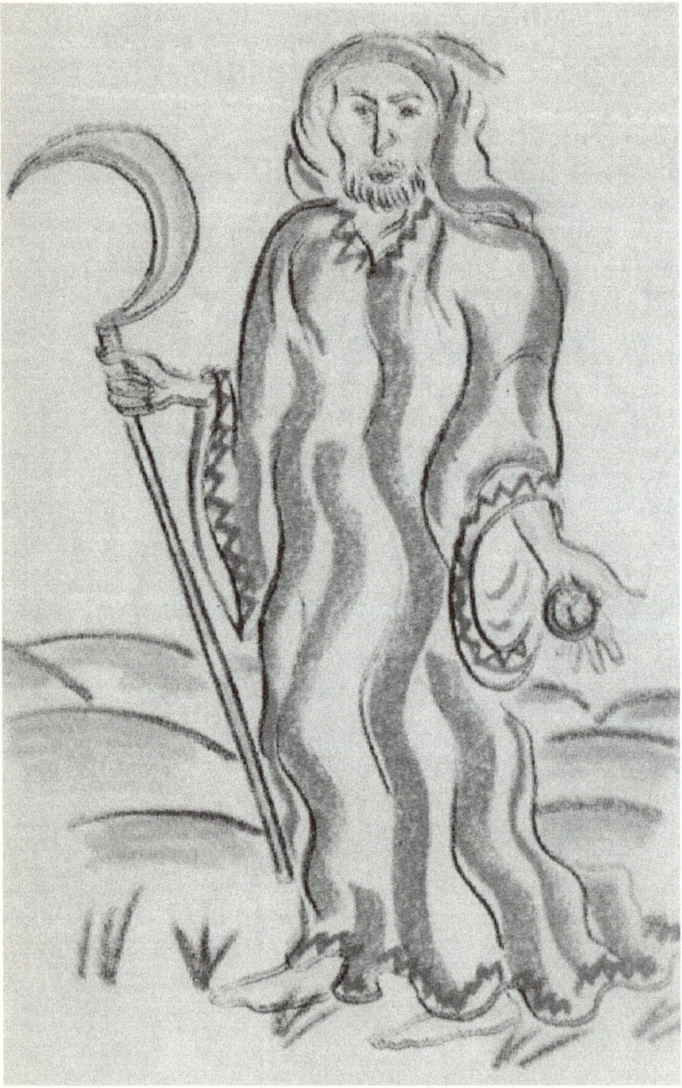

Saturn regiert die Zeichen Steinbock und Wassermann

Der Steinbock und sein Umfeld

Der Steinbock und die anderen

Solange es einen klaren, offiziellen Rahmen gibt, tun sich Steinböcke leicht. Viele haben kein Problem damit, Vorgesetzten gegenüber selbstbewußt aufzutreten oder – nur um ein Beispiel zu nennen – eine Bürgerinitiative zu leiten. Persönliche, spontane, private und enge Beziehungen sind da schon eher ein Problem. Steinböcke sind erstaunlich schüchtern, wenn es keine »Bedienungsanleitung« für korrektes Verhalten gibt, nach der sie sich richten können. Und für die meisten interessanten zwischenmenschlichen Beziehungen fehlt eine solche. Ihre Unsicherheit und Zurückhaltung wird dann leider oft als Desinteresse oder Überheblichkeit mißverstanden. Es braucht seine Zeit, bis der Steinbock auftaut, und er ist froh, wenn der andere den ersten Schritt macht, das erleichtert die Sache ganz erheblich.

Beziehungen

Sosehr der Steinbock auch jemanden liebt und ihm vertraut, eine geheime Ecke in seinem Herzen behält er sich vor; es ist die letzte Bastion seiner Selbstkontrolle, die er nicht preisgeben wird. Das hat nichts mit mangelndem Vertrauen zu tun, aber es gibt ihm einfach ein ungutes Gefühl, irgend jemandem mit Haut und Haaren ausgeliefert zu sein, selbst wenn dieser Jemand die große Liebe seines Lebens ist.

Geheimnis

Der Steinbock ist oft und gern ein wenig eigen. Seine Schrullen sind ihm wichtig, und wer mit ihm befreundet sein will, sollte ihn in dieser Hinsicht besser so nehmen, wie er ist, denn ändern läßt er sich sowieso nicht. Man hat es meist schwer, will man einem Steinbock helfen. Er selbst ist gern für seine Freunde da; er gibt gern, Kleinlichkeit wird man ihm nur selten vorwerfen können. Aber es fällt ihm nicht leicht, um Hilfe zu bitten oder auch nur ein großzügiges Geschenk anzunehmen. Er ist nun mal eine seltsame Mischung aus Eigensinn, Bescheidenheit, Schüchternheit und Stolz. Außerdem möchte er niemandem etwas schuldig sein. Oft verhält er sich anderen gegenüber auch deshalb großzügig, um sich innerlich freizukaufen. Er fühlt sich unwohl, wenn andere etwas bei ihm einfordern können. Kein Steinbock verträgt eine Situation, die sich nicht kontrollieren läßt. Wer mit einem typischen Vertreter dieses Tierkreiszeichens näher zu tun hat, muß sich deshalb damit abfinden, daß er versuchen wird, die Macht an sich zu ziehen. Und es wäre eine erstaunliche Ausnahme, wenn ihm dies nicht gelänge.

Freunde

Wer die Gefühle eines Steinbocks verletzt oder ihn vor anderen blamiert, sollte sich nicht wundern, wenn er freundlich in der Versenkung verschwindet und niemals wieder auftaucht. Und es wird lange dauern, bis er vergibt, und noch länger, bis er vergißt. Verglichen mit einem Steinbock, sind Elefanten vergeßliche Wesen. Ein Saturnier fühlt sich oft von Menschen angezogen, die ihn ein wenig auflockern, er mag extrovertierte, gefühlsbetonte Typen, die ihn seinen gelegentlichen Hang zur Schwermut überwinden lassen.

Verletzungen

Wie kann's der Steinbock mit den übrigen Tierkreiszeichen?

Entgegen der allgemein verbreiteten Meinung gibt es keine bestimmten Tierkreiszeichen, die automatisch gut zusammenpassen, während sich andere überhaupt nicht verstehen. Dies liegt nicht nur daran, daß unser Sonnenzeichen nur *ein* Aspekt unter vielen in unserem Horoskop ist. Entscheidend ist ganz einfach der gute Wille zweier Menschen: Ein Liebespaar, das glücklich verliebt ist, wird sich kaum darum scheren, ob es aus astrologischer Sicht miteinander harmoniert oder nicht. Umgekehrt können Menschen Todfeinde sein, die der Theorie nach doch gut zusammenpassen müßten. Dennoch sind allgemeine Hinweise sinnvoll und nützlich, um feststellen zu können, wo Stolpersteine im Umgang miteinander liegen können und wo es besondere Chancen gibt.

♑ – ♈

Steinbock – Widder

In den meisten Astrologiebüchern wird diese Verbindung als uneingeschränkt problematisch angesehen und gilt demnach als hoffnungslos zum Scheitern verurteilt. Glücklicherweise ist dem mitnichten so. Beide Zeichen können sich unter bestimmten Voraussetzungen hervorragend ergänzen, auch wenn ihre Temperamente sehr unterschiedlich sind. Der Widder mag zum voreiligen Handeln neigen, während der Steinbock vielleicht allzu vorsichtig oder gar zögerlich an die Dinge herangeht.

Ergänzung

Lernmöglichkeiten

Doch können beide viel voneinander lernen: Der Steinbock kann dem Widder vermitteln, wie man sein Leben möglichst effektiv organisiert und plant. Er weiß, wie man sich auf dem gesellschaftlichen Parkett bewegen muß, welche Behörde jeweils für bestimmte Genehmigungen zuständig ist und wie man bei Rechtsstreitigkeiten den richtigen Anwalt finden kann.

Der Widder hingegen kann dem Steinbock ein Vorbild sein, wenn es darum geht, sich von den Schatten der Vergangenheit zu lösen und voller Energie einen Neuanfang zu riskieren. Er kann zeigen, wie man intuitiv unerwartete Probleme meistert, denen der Steinbock ohne Bedienungsanleitung hilflos gegenüberstände. Auch in persönlichen Auseinandersetzungen kann der Steinbock vom Widder lernen, vermag sich ersterer doch kaum angemessen zu wehren, wenn sich jemand ihm gegenüber beleidigend oder unverschämt verhält. Der Widder hat den Angriff schon längst mit gleicher Münze zurückgezahlt, während der Steinbock noch darüber nachsinnt, wie er sich in einer solchen Situation angemessen verhalten könnte.

Gemeinsamkeit

So unterschiedlich diese beiden Tierkreiszeichen auch sind, gemeinsam ist ihnen – wie etwa auch der Steinbock-Löwe-Verbindung – ihr Eigensinn und ihre Starrköpfigkeit. Außenstehende werden sich kopfschüttelnd fragen, wie ein solches Paar es fertigbringt, selbst über Nebensächlichkeiten stundenlang erbittert zu debattieren, um dann endlich einen Kompromiß zu finden, der beiden recht gibt und keinen das Gesicht verlieren läßt.

So mancher wird es sich deswegen zweimal überlegen, bevor er mit einer Steinbock-Widder-Verbindung in Urlaub fährt. Doch zum Glück lernen die meisten mit der Zeit den Klärungsbedarf bei Alltagsthemen deutlich einzuschränken – schließlich ist ja jede Diskussion irgendwann einmal bereits geführt worden –, und nichts entnervt einen Widder mehr als endlose Wiederholungen. Auf der anderen Seite können Steinbock-Widder-Paare gerade wegen ihrer Verschiedenartigkeit soviel voneinander lernen, und das braucht eben seine Zeit und kann nicht ohne Reibereien gelingen.

Verschiedenartigkeit

In Freundschaften und Geschäftsbeziehungen kommt die Motivation, die schwierige Anfangsphase meistern zu wollen, tatsächlich häufig aus der bewußten oder unbewußten Einsicht, daß sich die »Investition« für beide Seiten früher oder später lohnen wird.

In Liebesbeziehungen ist es oft eine außergewöhnlich starke erotische Anziehung, die die großen Temperamentsunterschiede vergessen läßt und vielen Auseinandersetzungen die Spitze nimmt. Verbindungen, die diese Phase heil überstehen, haben gelernt, den anderen so zu nehmen, wie er ist, und die völlig unterschiedliche Persönlichkeit des Partners als Bereicherung und nicht als Manko aufzufassen. Dort, wo sie ein gemeinsames Lebenskonzept aufgebaut haben, ziehen sie an einem Strang, und kaum jemand hat noch eine Chance, einen Keil zwischen die beiden zu treiben, dafür haben sie sich die gemeinsame Basis zu hart erarbeitet. Bei Themen hingegen, bei denen die Persönlichkeits- und Temperamentsunterschiede unüberbrückbar sind, läßt man

Erotische Anziehung

sich gegenseitig so viel Freiraum, daß keiner den anderen behindert.

Widder-Steinbock-Verbindungen sind also keine Partnerschaften, die so ohne weiteres auf Anhieb problemlos »funktionieren«. Dafür sind sie zur gegenseitigen Persönlichkeitsentwicklung um so nützlicher. Und ohne Herausforderungen gibt es nun einmal kein seelisches Wachstum.

♑ – ♉

Steinbock – Stier

Die Verbindung dieser Tierkreiszeichen ist besonders vielversprechend. So gut wie immer werden sich beide auf Anhieb verstehen. Der Steinbock hat keine Probleme mit der manchmal ein wenig undiplomatischen und langsamen Art des Stiers. Dieser nimmt das instinktiv wahr und äußert sich daraufhin offener, als er das normalerweise tut. Generell kann der Stier so stärker aus sich herausgehen. Er fühlt sich in der Gesellschaft des Steinbocks wohl, zumal sich dieser aufrichtig für das, was der Stier zu erzählen hat, interessiert. Er ist einfach von dessen praktischem Verstand, der Vitalität und Sinnlichkeit fasziniert. Der Stier wiederum schätzt die Konsequenz, den Gerechtigkeitssinn und die Ausdauer des Steinbocks sowie dessen Selbstdisziplin.

Verständnis

Faszination

Umgekehrt wird sich der Steinbock gelegentlich mit der rein pragmatischen Lebenssicht des Stiers schwertun, der mit abstrakten Fragestellungen nur wenig anfangen kann. Da ihre Gemeinsamkeiten überwiegen, werden solche Persönlichkeitsunterschiede nur selten zu einem ernsthaften Problem werden.

Die zahlreichen Skrupel, das große Verantwortungsgefühl und die Angst, Fehler zu machen, können für den Steinbock zu einer regelrechten Handlungsblockade führen. Hier vermag ihm die praktische Ader des Stiers von unschätzbarem Nutzen zu sein: Mit sicherem Instinkt läßt dieser sich nur von den Plänen des Steinbocks begeistern, von denen er spürt, daß sie sich auch verwirklichen lassen. Und während der Steinbock noch hin und her überlegt, hat der Stier bereits begonnen, dessen Ideen in die Tat umzusetzen.

Geschäfte

In geschäftlicher Zusammenarbeit kann dies ausgesprochen nützlich sein, vor allem wenn es um das Geldwesen, Immobilien und Handelswaren geht.

Aber auch in Liebesbeziehungen ist diese Konstellation außergewöhnlich erfolgversprechend. Dies gilt in besonderem Maße für Paare, die auch beruflich zusammenarbeiten oder gemeinsam sozial und gesellschaftlich engagiert sind.

♑ – ♊

Steinbock – Zwillinge

Eigensinn

So unterschiedlich die beiden Tierkreiszeichen auch sind, gemeinsam ist ihnen ihr Eigensinn und ihre Starrköpfigkeit. Außenstehende mögen sich kopfschüttelnd fragen, wie ein solches Paar es fertigbringt selbst über Nebensächlichkeiten stundenlang erbittert zu debattieren, um dann endlich einen Kompromiß zu finden, der beiden recht gibt und keinen das Gesicht verlieren läßt.

Es verhält sich ähnlich wie bei der Steinbock-Widder-Verbindung: So mancher wird es sich wegen der genannten Gründe zweimal überlegen, bevor er mit einem Steinbock-Zwillinge-Paar in Urlaub fährt. Doch zum Glück lernen die meisten mit der Zeit den Klärungsbedarf bei Alltagsthemen deutlich einzuschränken – schließlich ist ja jede Diskussion irgendwann einmal bereits geführt worden – und nichts entnervt einen Zwilling – ebenso wie einen Widder – mehr als endlose Wiederholungen. Auf der anderen Seite können diese Paare gerade wegen ihrer Verschiedenartigkeit soviel voneinander lernen, und das braucht eben seine Zeit und kann nicht ohne Reibereien gelingen.

Kompromisse

In allen Freundschaften und Geschäftsbeziehungen kommt die Motivation, die schwierige Anfangsphase meistern zu wollen, ebenso wie bei vielen anderen Tierkreiszeichen-Verbindungen des Steinbocks häufig aus der bewußten oder unbewußten Einsicht, daß sich die »Investition« für beide Seiten früher oder später lohnen wird. In Liebesbeziehungen ist es oft eine außergewöhnliche erotische Anziehung, welche die großen Temperamentsunterschiede vergessen läßt und vielen Auseinandersetzungen die Spitze nimmt. In Verbindungen, die diese Phase heil überstehen, haben beide Beteiligten gelernt, den anderen so zu nehmen, wie er ist, und die völlig unterschiedliche Persönlichkeit des Partners als Bereicherung und nicht als Manko aufzufassen. Dort, wo sie ein gemeinsames Lebenskonzept aufgebaut haben, ziehen sie an einem Strang, und kaum jemand hat noch eine Chance, einen Keil zwischen die beiden zu treiben, dafür haben sie sich die gemeinsame Basis zu hart erarbeitet. Bei Themen hingegen, bei denen die Persönlichkeits- und Temperamentsunterschiede unüberbrückbar sind, läßt man sich gegenseitig so viel Freiraum, daß keiner den anderen behindert.

Freiräume

Steinbock-Zwillinge-Verbindungen sind also keine Partnerschaften, die so ohne weiteres auf Anhieb problemlos »funktionieren«. Dafür sind sie für die gegenseitige Persönlichkeitsentwicklung um so nützlicher.

♑ – ♋

Steinbock – Krebs

Optimale Verbindung

Wenn zwei Tierkreiszeichen wie füreinander geschaffen sind, dann diese. Der Steinbock als disziplinierter Kopfmensch sehnt sich nach einem hingebungsvollen und gefühlsbetonten Partner. Der Krebs wünscht sich ein zuverlässiges Gegenüber, das den Herausforderungen des Lebens entschlossen entgegentritt und ihm Halt in der Brandung des Lebens gibt.

Wahre Liebe

Beide glauben fest daran, daß die wahre Liebe alle Hindernisse überwindet. Und für diese Konstellation ist das auch bestimmt richtig. Mag sein, daß ihre Freunde und Bekannten über die beiden ungläubig den Kopf schütteln und sich fragen, was zwei so unterschiedliche Menschen nur aneinander finden können, der eine nüchtern und sachlich, der andere kreativ und emotional. Doch gilt für die beiden das Sprichwort »Gegensätze ziehen sich an« in uneingeschränktem Maße. Sie passen tatsächlich zusammen wie der Schlüssel und das Schloß. So nimmt es auch nicht wunder, daß hier die Liebe auf den ersten Blick öfter vorkommt als bei anderen Tierkreiszeichen-Verbindungen. Man kann sogar sagen, daß sich solche Paare entweder auf Anhieb hervorragend verstehen oder gar nicht. Zwar kann es aus verschiedenen Gründen eine Weile dauern, bis die beiden endgültig zueinanderfinden, doch ist die Entscheidung in Wahrheit schon beim ersten Zusammentreffen gefallen.

Unterschiede

Echte Partnerschaften zwischen diesen Zeichen sind so gut wie immer ausgesprochen leidenschaftlich. Dies schließt natürlich Auseinandersetzungen, Streit und Eifersucht mit ein. Doch das gefährdet die Partnerschaft keineswegs, vielmehr intensiviert es die Gefühle füreinander noch.

Leidenschaft

Am besten verstehen sich die beiden, wenn sie miteinander allein sind. Nur selten wird sich der Freundeskreis des Krebs-Partners mit dem des Steinbocks verstehen und umgekehrt, dafür sind die beiden – aus der Sicht Außenstehender – einfach zu verschieden. Doch das ist weiter kein Problem, da sie sowieso ihre gemeinsame Zeit so intensiv wie möglich nutzen möchten, und da wären Dritte nur störend.

Im Laufe der Jahre schafft sich das Paar gemeinsam einen neuen Freundeskreis, doch ist *Freunde* es für eine harmonische Partnerschaft auch wichtig, daß keiner der beiden seine alten Bekanntschaften aufgibt. Dies verhindert, daß sich die zwei zu sehr aufeinander fixieren. Auf diese Weise kann eine Beziehung noch nach vielen Jahren so intensiv und temperamentvoll wie am Anfang sein.

♑– ♌

Steinbock – Löwe

So unterschiedlich diese beiden Tierkreiszeichen auch sind, gemeinsam ist ihnen ihr Eigensinn, ihre Starrköpfigkeit und ihre gering ausgeprägte Eigenschaft, vor anderen Fehler zuzugeben – am wenigsten vor dem Partner. Beide sind ausgesprochene Rechthaber, der *Rechthaber* Löwe lautstark und wortreich, der Steinbock einfach mit der ihm eigenen Beharrlichkeit. Auch hier mögen sich Außenstehende kopfschüttelnd fragen, wie ein solches Paar es fertigbringt, selbst über Nebensächlichkeiten stundenlang erbittert zu debattieren, um dann endlich einen Kompromiß zu finden, der beiden recht gibt und keinen das Gesicht verlieren läßt.

So mancher wird es sich deswegen – wie auch bei einem Steinbock-Widder-Paar – zweimal überlegen, bevor er mit einem Steinbock-Löwe-Paar in Urlaub fährt. Doch zum Glück lernen die meisten mit der Zeit den Klärungsbedarf bei Alltagsthemen deutlich einzuschränken – schließlich ist ja jede Diskussion irgendwann einmal bereits geführt worden –, und nichts entnervt einen Löwen wie etwa auch den Widder mehr als endlose Wiederholungen und Routine. Dem Steinbock hingegen sind allzu lange Privatdiskussionen an sich schon ein Greuel. Auf der anderen Seite können Steinbock-Löwe-Paare gerade wegen ihrer Verschiedenartigkeit soviel voneinander lernen, und das braucht eben seine Zeit und kann nicht ohne Reibereien gelingen.

Verschiedenartigkeit

In Freundschaften und Geschäftsbeziehungen kommt die Motivation, die schwierige Anfangsphase meistern zu wollen, wie bei vielen anderen Tierkreiszeichen-Verbindungen des Steinbocks tatsächlich häufig aus der bewußten oder unbewußten Einsicht, daß sich die »Investition« für beide Seiten früher oder später lohnen wird. In Liebesbeziehungen ist es oft eine außergewöhnlich starke, eigentümliche und sehr persönliche erotische Anziehung, welche die großen Temperamentsunterschiede vergessen läßt und vielen Auseinandersetzungen die Spitze nimmt. Auch hier ist es wieder so, daß in Verbindungen, die diese Phase heil überstehen, beide Beteiligten gelernt haben, den anderen so zu nehmen, wie er ist, und die völlig unterschiedliche Persönlichkeit des Partners als Bereicherung und nicht als Manko aufzufassen. Dort, wo sie ein gemeinsames Lebenskonzept aufgebaut haben, ziehen sie an einem Strang, und kaum jemand hat noch eine Chance, einen Keil zwischen die beiden zu treiben, dafür haben sie sich die gemeinsame Basis zu hart erarbeitet. Bei Themen hingegen, bei denen die Persönlichkeits- und Temperamentsunterschiede unüberbrückbar sind, läßt

Bereicherung

man sich gegenseitig so viel Freiraum, daß keiner den anderen behindert.

Diese Verbindungen sind also – ähnlich wie etwa auch die Steinbock-Zwillinge-Zweisamkeit – keine Partnerschaften, die so ohne weiteres auf Anhieb problemlos »funktionieren«. Dafür sind sie für die gegenseitige Persönlichkeitsentwicklung um so nützlicher.

♑ – ♍

Steinbock – Jungfrau

Vielversprechende Verbindung

Die Verbindung dieser Tierkreiszeichen ist eine besonders vielversprechende. So gut wie immer werden sich beide auf Anhieb verstehen. Der Steinbock hat keine Probleme mit der manchmal ein wenig schüchternen und langsamen Art der Jungfrau. Dies wird von ihr instinktiv wahrgenommen, woraufhin sie sich offener äußert und mehr aus sich herausgeht, als sie das normalerweise tut. Sie fühlt sich in der Gesellschaft des Steinbocks wohl, zumal sich dieser aufrichtig für das, was sie zu erzählen hat, interessiert. Steinböcke sind einfach von dem praktischem Verstand, dem Einfühlungsvermögen und der Beobachtungsgabe der Jungfrau fasziniert. Die Jungfrau wiederum schätzt die Konsequenz, den Gerechtigkeitssinn und die Ausdauer des Steinbocks, ebenso seine Selbstdisziplin.

Faszination

Umgekehrt wird sich der Steinbock gelegentlich mit der rein pragmatischen Lebenssicht der Jungfrau schwertun, die mit abstrakten Fragestellungen nur wenig anfangen kann. Da die Gemeinsamkeiten überwiegen, werden solche Persönlichkeitsunterschiede jedoch nur selten zu einem ernsthaften Problem werden.

Die zahlreichen Skrupel, das große Verantwortungsgefühl und die Angst, Fehler zu machen, können für den Steinbock zu einer regelrechten Handlungsblockade führen. Hier kann ihm die praktische Ader der Jungfrau von unschätzbarem Nutzen sein: Mit sicherem Instinkt läßt sie sich nur von den Plänen des Steinbocks begeistern, von denen sie spürt, daß sie sich auch verwirklichen lassen. Und während der Steinbock noch hin und her überlegt, hat die Jungfrau bereits begonnen, seine Ideen in die Tat umzusetzen. In einer geschäftlichen Zusammenarbeit kann dies ausgesprochen nützlich sein. Aber auch in Liebesbeziehungen ist eine solche Konstellation außergewöhnlich erfolgversprechend. Dies gilt in besonderem Maße für Paare, die auch beruflich zusammenarbeiten oder gemeinsam sozial und gesellschaftlich engagiert sind.

Ergänzung

♑ – ♎

Steinbock – Waage

Von den meisten Astrologen wird diese Verbindung als außergewöhnlich problematisch angesehen. Glücklicherweise ist dem aber keineswegs so. Denn beide Zeichen können sich unter bestimmten Voraussetzungen sogar hervorragend ergänzen, auch wenn ihre Temperamente sehr unterschiedlich sind.

Die Waage mag zur Passivität und Unentschlossenheit neigen, während der Steinbock vielleicht allzu entschieden und konsequent an die Dinge herangeht. Doch können beide viel voneinander lernen: Der Steinbock kann der Waage vermitteln, wie man sein Leben möglichst effektiv organisiert und plant. Er weiß, wie man sich auf dem gesellschaftlichen Parkett bewegen muß, welche Behörde für bestimmte Genehmigungen zuständig ist und wie man bei Rechtsstreitigkeiten den richtigen Anwalt findet. Die Waage hingegen kann dem Steinbock ein Vorbild sein, wenn es darum geht, die schönen Seiten des Lebens zu genießen. Sie kann zeigen, wie man mit Charme und Ruhe unerwartete Probleme meistert, denen der Steinbock allein hilflos gegenüberstände. Auch in persönlichen Auseinandersetzungen kann der Steinbock von der Waage – ähnlich wie von vielen anderen Vertretern des Tierkreises – lernen, vermag er sich doch kaum angemessen zu wehren, wenn sich jemand ihm gegenüber beleidigend oder unverschämt verhält. Die Waage hätte den Angreifer mit Freundlichkeit und Diplomatie schon längst um den kleinen Finger gewickelt, während der Steinbock noch darüber nachsinnt, wie er sich in einer solchen Situation angemessen verhalten könnte.

Lernmöglichkeiten

Waage-Steinbock-Paare können gerade wegen ihrer Verschiedenartigkeit soviel voneinander lernen, aber das braucht eben seine Zeit und kann nicht ohne Reibereien gelingen.

Verschiedenartigkeit

Auch hier ist es wieder so wie bei Verbindungen des Steinbocks mit anderen Tierkreiszeichen, etwa Zwillingen oder Wassermännern: In Freundschaften und Geschäftsbeziehungen kommt die Motivation, die schwierige Anfangsphase meistern zu wollen, häufig aus der bewußten oder unbewußten Einsicht, daß sich die »Investition« für beide Seiten früher oder später lohnen wird.

Erotische Anziehung

Und in Liebesbeziehungen gilt ebenso das, was etwa bei der Steinbock-Zwillinge-Verbindung zu diesem Punkt gesagt wurde: Es ist oft eine außergewöhnlich starke erotische Anziehungskraft, welche die großen Temperamentsunterschiede vergessen läßt und vielen Konflikten die Spitze nimmt. In Verbindungen, die diese Phase heil überstehen, haben beide Beteiligten gelernt, den anderen so zu nehmen, wie er ist, und die völlig unterschiedliche Persönlichkeit des Partners als Bereicherung und nicht als Manko aufzufassen. Dort, wo sie ein gemeinsames Lebenskonzept aufgebaut haben, ziehen sie an einem Strang, und kaum jemand hat noch eine Chance, einen Keil zwischen die beiden zu treiben, dafür haben sie sich die gemeinsame Basis zu hart erarbeitet. Bei Themen hingegen, bei denen die Persönlichkeits- und Temperamentsunterschiede unüberbrückbar sind, läßt man sich gegenseitig so viel Freiraum, daß keiner den anderen behindert.

♑ – ♏

Steinbock – Skorpion

Verständnis

Die Verbindung dieser Tierkreiszeichen ist eher vielversprechend, zumindest solange zwischen beiden keine grundsätzlichen Meinungsverschiedenheiten bestehen. So gut wie immer werden sie sich auf Anhieb verstehen. Allerdings sind beide ein wenig dickköpfig und können sich mit für andere kaum nachvollziehbarer Ausdauer über die merkwürdigsten Themen auseinandersetzen.

Harmonie

Der Steinbock hat keine Probleme mit der zuweilen ein wenig undiplomatischen und direkten Art des Skorpions. Das erleichtert es ihm, seine manchmal auch etwas anstrengende Fassade fallenzulassen, sich offener zu äußern und mehr aus sich herauszugehen, als er sich das normalerweise gestattet. Er fühlt sich in der Gesellschaft des Skorpions wohl, vor allem wenn sich dieser aufrichtig für das, was der Steinbock zu erzählen hat, interessiert. Der Steinbock ist einfach von dessen Idealismus, Mut und Leidenschaftlichkeit fasziniert. Der Skorpion wiederum schätzt den Gerechtigkeitssinn und die Ausdauer des Steinbocks sowie dessen Selbstdisziplin. Die zahlreichen Skrupel, das große Verantwortungsgefühl und die Angst, Fehler zu machen, vermag den Skorpion regelrecht zu lähmen. Hier kann ihm die praktische und nüchterne Ader des Steinbocks helfen.

Berufliche Zusammenarbeit

In Liebesbeziehungen sind die Chancen für diese Konstellation in besonderem Maße für Paare gut, die auch beruflich zusammenarbeiten oder gemeinsam sozial und gesellschaftlich engagiert sind.

♑ – ♐

Steinbock – Schütze

Verschiedener als diese zwei können Tierkreiszeichen kaum sein. Hier wird nur selten das Sonnenzeichen selbst der wahre Grund für das gegenseitige Interesse sein. Wahrscheinlicher ist, daß andere Horoskopfaktoren, etwa das Mondzeichen oder der Aszendent, miteinander harmonieren und so einen Ausgleich schaffen.

In Freundschaften und Geschäftsbeziehungen kommt die Motivation, die schwierige Anfangsphase meistern zu wollen, wie bei vielen Verbindungen des Steinbocks zu anderen Tierkreiszeichen tatsächlich häufig aus der bewußten oder unbewußten Einsicht, daß sich die »Investition« für beide Seiten früher oder später lohnen wird. Hier kommt es also eher zu sachlich orientierten Zweckbündnissen, in den Sympathien füreinander wird man – zumindest anfangs – eher zurückhaltend sein.

»Investition«

Der Schütze neigt zum voreiligen und großspurigen Handeln, während der Steinbock oft ein wenig zu vorsichtig an die Dinge herangeht. Hier können beide voneinander lernen: Der Steinbock kann dem Schützen zeigen, wie man sein Leben möglichst effektiv organisiert und plant. Wenn beide als Team zusammenarbeiten, wird er derjenige sein, der mit beiden Beinen auf der Erde bleibt und genau prüft, welche Idee realisierbar ist und welche nicht.

Team

Der Schütze hingegen kann den Steinbock inspirieren, visionärer und zukunftsorientierter zu werden. Er kann zeigen, wie man mit Optimismus und Selbstvertrauen Probleme meistert, denen der Steinbock eher hilflos gegenüberstände. In persönlichen Auseinandersetzungen kann der Steinbock wie von anderen Tierkreiszeichen auch vom Schützen lernen, vermag er sich doch kaum angemessen zu wehren, wenn sich jemand ihm gegenüber beleidigend oder unverschämt verhält. Der Schütze hätte den Angriff schon längst mit gleicher Münze zurückgezahlt, während der Steinbock noch darüber nachsinnt, wie er reagieren soll.

In echten Liebesbeziehungen ist es – ähnlich wie etwa in der Steinbock-Wassermann-Verbindung – meist eine starke und außergewöhnliche erotische Anziehung, welche die großen Temperamentsunterschiede vergessen läßt und vielen Auseinandersetzungen die Spitze nimmt. Im Intimleben kann es zu einer fast schon magischen Harmonie kommen, welche in seltsamem Gegensatz zu den ansonsten sehr unterschiedlichen Persönlichkeiten steht. Schütze-Steinbock-Paare, denen es gelingt, eine echte Lebensgemeinschaft aufzubauen, schöpfen daher meist aus ihrer erfüllten Sexualität die Kraft, auch im Alltag zueinanderzufinden und gemeinsame Interessen zu entwickeln. Dies ist meist kein leichter Prozeß, der oft Jahre in Anspruch nimmt. Über Langeweile werden sich die beiden allerdings kaum zu beklagen haben. Bei Themen hingegen, bei denen die Persönlichkeits- und Temperamentsunterschiede unüberbrückbar sind, lernt man, sich so viel Freiraum zu lassen, daß keiner den anderen behindert.

Sexuelle Anziehung

Freiheiten

♑ – ♑

Steinbock – Steinbock

Bei allen Beziehungen, die demselben Tierkreiszeichen angehören, ergeben sich die gleichen, nur scheinbar widersprüchlichen Regeln. Zum einen gilt natürlich das Sprichwort »Gleich und gleich gesellt sich gern«. Allerdings ist dies eher für freundschaftliche Verbindungen als unbedingt für Liebesbeziehungen gültig. Schließlich sucht man im Partner weniger den Spiegel seiner selbst als vielmehr die Ergänzung. Sich selbst meint man ja mehr oder weniger zu kennen, aber das Gegenstück zum eigenen Charakter übt immer einen besonderen Reiz aus.

Freundschaft

Ähnlichkeiten im Wesen und im Verhalten sind sicherlich eine große Hilfe, um Mißverständnisse zu vermeiden, doch tragen sie nicht unbedingt zu einer Steigerung der gegenseitigen Toleranz bei. Menschen neigen in vielen Situationen dazu, für die eigenen Schwächen bei anderen weniger Verständnis aufzubringen als für Schwierigkeiten, mit denen sie selbst niemals zu kämpfen hatten. Der Logik nach sollte es anders sein, schließlich scheint es nicht vernünftig und ungerecht, dem Partner Unzulänglichkeiten vorzuwerfen, die man selbst besitzt. Doch niemand läßt sich gern den Spiegel vorhalten, wenn er darin gerade unvorteilhaft aussieht. Dies mag eine Erklärung sein. Ein weiterer Gesichtspunkt ist die Abneigung gegen Gewohnheiten, denen man selbst einmal gefrönt hat. Man denke nur an das Verhalten einiger ehemaliger Raucher, die um ein Vielfaches intoleranter gegenüber Nochrauchern sein können als so manche, die niemals eine Zigarette angerührt haben. Natürlich ist es jedoch immer eine Frage des Entwicklungsniveaus, inwieweit man die eigenen Schwächen anderen zum Vorwurf macht. Im günstigen Falle können

Schwächen

zwei Steinböcke ein Team sein, das sich blind versteht und gemeinsam alle Herausforderungen des Lebens meistert.

Ruhige Beziehung

Falls Aszendent oder Mond nichts anderes aussagen, sind solche Partnerschaften nur selten besonders leidenschaftlich. Der Nachteil mag sein, daß ekstatische Höhepunkte rar sind oder gar nicht vorkommen. Dafür bleiben ihnen jedoch auch in aller Regel die Abgründe krankhafter Eifersucht und zermürbender Auseinandersetzungen erspart. Partnerschaften, die einige Jahre lang gutgegangen sind, haben mehr Aussichten als die Verbindungen anderer Tierkreiszeichen, auch auf Dauer bestehen zu können.

♑ – ♒

Steinbock – Wassermann

Ausgleich

Obwohl beide Zeichen vom Saturn beherrscht werden (beim Wassermann ist er der Nebenherrscher), könnten sie kaum unterschiedlicher sein. Hier ist selten das Sonnenzeichen selbst der wahre Grund für das gegenseitige Interesse. Sehr wahrscheinlich harmonieren andere Horoskopfaktoren, wie etwa das Mondzeichen oder der Aszendent, miteinander und schaffen so einen Ausgleich.

In Freundschaften und Geschäftsbeziehungen kommt der Anreiz, die Temperamentshürden nehmen zu wollen, ähnlich wie bei der Steinbock-Zwillinge- und anderen Verbindungen des Steinbocks häufig aus der bewußten oder unbewußten Einsicht, daß man wohl voneinander profitieren kann. Hier kommt es also eher zu sachlich orientierten Zweckbündnissen, in den Sympathien füreinander wird man – zumindest anfangs – eher zurückhaltend sein. Der Wassermann neigt zum voreiligen und wenig überlegten Handeln, während der Steinbock oft ein wenig zu vorsichtig an die Dinge herangeht. Hier können beide voneinander lernen: Der Steinbock kann dem Wassermann zeigen, wie man sein Leben möglichst effektiv organisiert und plant. Wenn beide als Team zusammenarbeiten, wird er derjenige sein, der mit beiden Beinen auf der Erde bleibt und genau prüft, welche Idee realisierbar ist und welche nicht. Der Wassermann hingegen kann den Steinbock inspirieren, risikofreudiger und zukunftsorientierter zu werden. Er kann zeigen, wie man mit Optimismus und Selbstvertrauen Probleme meistert, denen der Steinbock eher hilflos gegenüberstände.

Zurückhaltung

Auch in persönlichen Auseinandersetzungen kann der Steinbock vom Wassermann ähnlich wie vom Widder und anderen lernen, vermag sich der Steinbock doch nur schlecht zu wehren, wenn sich jemand ihm gegenüber beleidigend oder unverschämt verhält. Der Wassermann hat den Angriff schon längst mit einer schnippischen Bemerkung pariert, während der Steinbock noch darüber nachsinnt, wie er reagieren soll.

In echten Liebesbeziehungen ist es meist eine starke und eigenartige erotische Anziehung, welche die großen Temperamentsunterschiede vergessen läßt und vielen Auseinandersetzungen die Spitze nimmt. Im Intimleben kann es zu einer fast schon magischen Harmo-

Harmonie

nie kommen, welche in seltsamem Gegensatz zu den ansonsten sehr unterschiedlichen Persönlichkeiten steht. Steinbock-Wassermann-Paare, denen es gelingt, eine echte Lebensgemeinschaft aufzubauen, schöpfen daher meist aus ihrer erfüllten Sexualität die Kraft, auch im Alltag zueinanderzufinden und gemeinsame Interessen zu entwickeln. Dies ist meist kein leichter Prozeß, der oft Jahre in Anspruch nimmt. Über Langeweile werden sich die beiden kaum zu beklagen haben. Bei Themen hingegen, bei denen die Persönlichkeits- und Temperamentsunterschiede unüberbrückbar sind, lernt man gegenseitige Toleranz.

Kraft

♑ – ♓

Steinbock – Fische

Dies ist eine interessante und vielversprechende Verbindung. Steinböcke und Fische sind verschieden genug, um sich nicht in die Quere zu geraten, und doch so ähnlich, daß sie hervorragend miteinander auskommen. Die wenigen Steinböcke, die mit ihren besserwisserischen Neigungen einen Fische-Geborenen dominieren wollen, geben diesen zum Scheitern verurteilten Versuch sehr schnell wieder auf. Fische lassen sich von jedem Vorschriften machen – um sie auf der Stelle zu vergessen. Wenn es ein Tierkreiszeichen gibt, das gegen autoritäres Auftreten und Sturheit bei anderen immun ist, dann dieses. Steinböcke halten im Privatleben nichts von raffinierten Manipulationen – was einer nicht freiwillig tut, soll er eben lassen. Das mag nicht unbedingt für das

Interessante Verbindung

Berufsleben gelten, aber für ihren persönlichen Umgang. Was einen Fische-Geborenen an einem Steinbock fasziniert, ist der Charme der Unverblümtheit. Erstere sind es gewohnt, mit schmeichelhaften Lügen umzugehen, sie wissen, wie man sich Menschen entzieht, die einem Schuldgefühle machen wollen, und sie können sich gegen Erpressungen zur Wehr setzen. Wenn einer jedoch geradeheraus sagt, was er denkt und will, sind sie erst einmal sprach- und anschließend wehrlos. Nicht umsonst spricht man hier von entwaffnender Offenheit. Viele Fische sind von dieser Charaktereigenschaft des Steinbocks so fasziniert, daß dies bereits ausreicht, um sich in ihn zu verlieben. Der Steinbock schätzt am Fische-Geborenen wiederum seine geheimnisvolle Aura. Für ihn ist er wie ein Paradiesvogel in einer ansonsten grauen Alltagswelt. Der Steinbock bewundert die Fähigkeit der Fische, sich den gesellschaftlichen Konventionen zu entziehen, und er ist fasziniert von ihrem Mut zum eigenen Stil. So verbinden diese so verschiedenen Charaktere schon zwei Dinge: die Abneigung gegen jede Form von Unterdrückung und der Mut, auch gegen äußeren Widerstand seinen eigenen Weg zu gehen.

Faszination

In Partnerschaften, die auf Dauer angelegt sein sollen, ist es selten ein Problem, daß sich beide genügend Freiheiten einräumen, dies ist für zwei so eigenständige Naturelle eine der leichtesten Übungen. Manche erfolgversprechende Partnerschaft ist allerdings schon daran gescheitert, daß der Fische-Geborene zu lange zauderte und sich weder zu einem klaren Ja noch zu einem eindeutigen Nein

Freiheiten

durchringen konnte. Zwar kämpft der Steinbock, wenn er erst einmal Feuer gefangen hat, engagiert um sein Glück, doch selbst seine Geduld währt nicht ewig. So hat es schon häufiger Fälle gegeben, in denen das lang ersehnte Ja des Fischs um einige Tage zu spät kam.

Paare in dieser Kombination sollten deshalb genau prüfen, ob sie beieinanderbleiben wollen, sich bei der Entscheidung jedoch nicht unnötig viel Zeit lassen. Sonst entscheiden sich die Dinge von allein.

Entscheidung

Was sonst noch zum Steinbock paßt

In diesem Kapitel sind Entsprechungen des Steinbock-Prinzips – sogenannte Analogien – zusammengestellt. Darunter versteht man in diesem Zusammenhang Ähnlichkeiten und Verwandtschaften, die sich einem Tierkreiszeichen zuordnen lassen, ohne daß sie ursächlich, also kausal, miteinander verbunden wären.

Wie können diese Analogien praktisch genutzt werden? Wenn Sie selbst ein Steinbock sind und die positiven Eigenschaften Ihres Tierkreiszeichens fördern und betonen wollen, können Sie unter den im folgenden aufgeführten Entsprechungen diejenigen aussuchen, die Ihnen besonders zusagen, und sie in Ihr Leben einbeziehen.

Entsprechungen

So können Sie zum Beispiel bevorzugt Kleidung in den Farben tragen, die Ihrem Tierkreiszeichen entsprechen. Sie können das Essen mit Gewürzen verfeinern, in Ihren Garten solche Pflanzen setzen, an Orte in den Urlaub fahren, die Hobbys oder Berufe wählen, die zu Ihrem

Tierkreiszeichen passen, und so weiter. Obwohl es sich hier nur um eine allgemeine Typologie handelt, werden Sie bald erstaunliche Wirkungen feststellen: Sie finden immer mehr zu sich selbst und entwickeln ein immer genaueres Gespür dafür, was zu Ihnen paßt, was Ihnen guttut und was Sie eher meiden sollten. Ihre Gesundheit und Ihr seelisches Gleichgewicht werden davon profitieren.

Selbstfindung

Wenn Sie einen Steinbock kennen und schätzen, kann Ihnen diese Liste zum Beispiel bei der Suche nach einem passenden Geschenk helfen. Wenn Ihr Kind ein Steinbock ist, können Sie Anregungen für den passenden Sportverein finden und so fort. Der kreativen Phantasie sind hier kaum Grenzen gesetzt.

Geschenke

Farben: Blau als die kühlste Farbe, die Ruhe, Konzentration und Beharrlichkeit ausstrahlt (Dunkelblau); Schwarz, Anthrazit.
Geruch: herb, bitter, salzig.
Geschmack: bitter, herb (zum Beispiel bei schwarzem Tee).
Signatur (Form und Gestalt): karg, streng; in Form und Gestalt auf das Nötigste reduziert; sparsam, mager, schmal; dauerhaft, zäh, knorrig, stabil; starke Konturen (Prinzip der Abgrenzung)
Pflanzen allgemein: langsam wachsende, widerstandskräftige Pflanzen mit wenigen Blüten; Pflanzen, die auch unter schwierigen Bedingungen und im Schatten gedeihen; Moos, Farn, Efeu, Eppich, Kümmel.
Bäume, Sträucher: Nadelbäume (das auf ein Minimum reduzierte Blatt), Tanne, Thuja, Eibe; Eiche.

Gemüse, Obst: Sellerie, Schwarzwurzel; Nüsse; Dörrobst; Kaktusfrüchte; Kokosnüsse.
Blumen: Silberdistel, Enzian, Edelweiß.
Gewürze: Salz; Myrrhe.
Heilpflanzen: Schachtelhalm, Kümmel, Johanniskraut, Wacholder.

Heilpflanzen

Tiere: genügsame Tiere, die auch unter kargen und schwierigen Bedingungen existieren können; Arbeitstiere; Tiere mit schuppigem Panzer; Ziegen, Schaf, Steinbock; Esel, Maultier; Schäferhund; Rabe, Krähe, Dohle, Uhu, Nachteule, Wiedehopf; Maulwurf, Maus; Seepferdchen; Krokodil; Kamel.

Materialien: Leder (die Haut als Grenze und in ihrer Stützfunktion); alle Mineralien, besonders Steine und Kalk, Blei, Kohle; alle braunen und schwarzen Erdarten.

Mineralien, Metalle: Blei, Granit, Kohle; Onyx, Quarz, brauner Jaspis, Obsidian.

Landschaften

Landschaften: felsige, öde, karstige Gebiete, Gebirgslandschaften, zerklüftete Schluchten; Fjorde, Gletscher; Nadelwälder.

Berufe: Berufe, die Stabilität, Beständigkeit, Sicherheit sowie ein langsames, aber stetiges Wachstum und Übernahme von Verantwortung bieten; Berufe, die Aufstiegschancen und soziale Anerkennung bieten; Karriereberufe; Berufe, die klar erkennbaren Gesetzmäßigkeiten unterliegen und eine strukturierende, ordnende Hand erfordern; Berufe, die Erfahrung und Reife verlangen; Vertrauenspositionen; Berufe, die Unterordnung der Privatsphäre zugunsten höherer Leistung und Pflichterfüllung erfordern; Berufe, die klare Zuständigkeiten und Ressorts bieten; Staatsdienst; Berufe aus der Familientradition heraus; beamtete Berufe, Positionen in der Verwaltung; Kassierer, Lagerverwalter, Archivar; Geologe, Historiker, Astronom, Mathematiker; Physiker, Mineraloge, Agronom; Statistiker; Landwirt; Lehrer; Soziologe, Jurist; Bauhandwerker; Ingenieur, Architekt; Maurer; Mitarbeiter auf Bauämtern, bei der Städteplanung, Baubetreuung oder Bodenforschung, im Bergbau; Gerber; Töpfer; Uhrmacher; Konservator; Politiker.

Hobbys

Hobbys, Sportarten: Töpfern, Bergsteigen, Mineraliensammeln, Leistungssport (Langstreckenlauf), Hürdenlauf, Skilanglauf; Tierdressuren.

Verkehrsmittel: Eisenbahn, Straßenbahn.
Wohnstil: klare, eher sachliche Einrichtung, der Arbeitsraum, Einrichtung, die auf das Notwendigste reduziert ist.
Wochentag: Samstag (englisch *Saturday* = »Tag des Saturn«).

Wochentag

Gesellschaftsform: Bürokratie; totalitäre Staaten; Klassenstaat und Kastenwesen.
Entsprechungen auf der Ebene des menschlichen Körpers: Knochen, Skelett, Knie, Gelenke; Haut, Sehnen und Bänder; Zähne, Milz, Haare.
Krankheiten allgemein: Kristallisationsprozesse im Körper, Steinbildungen, Sklerosen; Alterungs- und Schrumpfungsprozesse; Mangelkrankheiten, Haarausfall; allgemein chronische Krankheiten.

Krankheiten

Zahlen: die 8 und ihre Vielfachen.

IX
Der EREMIT

Ein typisches Steinbock-Märchen: Der Froschkönig oder der eiserne Heinrich

In den alten Zeiten, wo das Wünschen noch geholfen hat, lebte ein König, dessen Töchter waren alle schön, aber die jüngste war so schön, daß die Sonne selber, die doch so vieles gesehen hat, sich verwunderte, sooft sie ihr ins Gesicht schien. Nahe bei dem Schlosse des Königs lag ein großer dunkler Wald, und in dem Walde unter einer alten Linde war ein Brunnen: Wenn nun der Tag recht heiß war, so ging das Königskind hinaus in den Wald und setzte sich an den Rand des kühlen Brunnens; und wenn sie Langeweile hatte, so nahm sie eine goldene Kugel, warf sie in die Höhe und fing sie wieder; und das war ihr liebstes Spielwerk.

Nun trug es sich einmal zu, daß die goldene Kugel der Königstochter nicht in ihr Händchen fiel, das sie in die Höhe gehalten hatte, sondern vorbei auf die Erde schlug und geradezu ins Wasser hineinrollte. Die Königstochter folgte ihr mit den Augen nach, aber die Kugel verschwand, und der Brunnen war tief, so tief, daß man keinen Grund sah. Da fing sie an zu weinen und weinte immer lauter und konnte sich gar nicht trösten.

Und wie sie so klagte, rief ihr jemand zu: »Was hast du vor, Königstochter, du schreist ja, daß sich ein Stein erbarmen möchte.«

Sie sah sich um, woher die Stimme käme, da erblickte sie einen Frosch, der seinen dicken häßlichen Kopf aus dem Wasser streckte.

»Ach, du bist's, alter Wasserpatscher«, sagte sie, »ich weine über meine goldene Kugel, die mir in den Brunnen hinabgefallen ist.«

»Sei still und weine nicht«, antwortete der Frosch, »ich kann wohl Rat schaffen, aber was gibst du mir, wenn ich dein Spielwerk wieder heraufhole?«

»Was du haben willst, lieber Frosch«, sagte sie, »meine Kleider, meine Perlen und Edelsteine, auch noch die goldene Krone, die ich trage.«

Der Frosch antwortete: »Deine Kleider, deine Perlen und Edelsteine und deine goldene Krone, die mag ich nicht; aber wenn du mich liebhaben willst, und ich soll dein Geselle und Spielkamerad sein, an deinem Tischlein neben dir sitzen, von deinem goldenen Tellerlein essen, aus deinem Becherlein trinken, in deinem Bettlein schlafen – wenn du mir das versprichst, so will ich hinuntersteigen und dir die goldene Kugel wieder heraufholen.«

»Ach ja«, sagte sie, »ich verspreche dir alles, was du willst, wenn du mir nur die Kugel wiederbringst.« Sie dachte aber: »Was der einfältige Frosch schwätzt, der sitzt im Wasser bei seinesgleichen und quakt und kann keines Menschen Geselle sein.«

Der Frosch, als er die Zusage erhalten hatte, tauchte seinen Kopf unter, sank hinab, und über ein Weilchen kam er wieder heraufgerudert, hatte die Kugel im Maul und warf sie ins Gras. Die Königstochter war voll Freude, als sie ihr schönes Spielwerk wieder erblickte, hob es auf und sprang damit fort.

»Warte, warte«, rief der Frosch, »nimm mich mit, ich kann nicht so laufen wie du.« Aber was half ihm, daß er ihr sein »Quak, quak« so laut nachschrie, als er konnte! Sie hörte nicht darauf, eilte nach Hause und hatte bald den armen Frosch vergessen, der wieder in seinen Brunnen hinabsteigen mußte.

Am anderen Tage, als sie mit dem König und allen Hofleuten sich zur Tafel gesetzt hatte und von ihrem goldenen Tellerlein aß, da kam, plitsch, platsch, plitsch, platsch, etwas die Marmortreppe heraufgekrochen, und als es oben angelangt war, klopfte es an der Tür und rief: »Königstochter, jüngste, mach mir auf.« Sie lief und wollte sehen, wer draußen wäre, als sie aber aufmachte, so saß der Frosch davor. Da warf sie die Tür hastig zu, setzte sich wieder an den Tisch, und ihr war ganz angst.

Der König sah wohl, daß ihr das Herz gewaltig klopfte, und sprach: »Mein Kind, was fürchtest du dich, steht etwa ein Riese vor der Tür und will dich holen?«

»Ach nein«, antwortete sie, »es ist kein Riese, sondern ein garstiger Frosch.«

»Was will der Frosch von dir?«

»Ach, lieber Vater, als ich gestern im Wald bei dem Brunnen saß und spielte, da fiel meine goldene Kugel ins Wasser. Und weil ich so weinte, hat sie der Frosch wieder heraufgeholt, und weil er es durchaus verlangte, so versprach ich ihm, er sollte mein Geselle werden, ich dachte aber nimmermehr, daß er aus seinem Wasser herauskönnte. Nun ist er draußen und will zu mir herein.«

Indessen klopfte es zum zweiten Mal, und der Frosch rief:

»Königstochter, jüngste,
mach mir auf,
weißt du nicht, was gestern
du zu mir gesagt
bei dem kühlen Brunnenwasser?
Königstochter, jüngste,
mach mir auf.«

Da sagte der König: »Was du versprochen hast, das mußt du auch halten; geh nur und mach ihm auf.«

Sie ging und öffnete die Tür, da hüpfte der Frosch herein, ihr immer auf dem Fuße nach, bis zu ihrem Stuhl. Da saß er und rief: »Heb mich herauf zu dir.« Sie zauderte, bis es endlich der König befahl.

Als der Frosch erst auf dem Stuhl war, wollte er auf den Tisch, und als er da saß, sprach er: »Nun schieb mir dein goldenes Tellerlein näher, damit wir zusammen essen.« Das tat sie zwar, aber man sah wohl, daß sie's nicht gern tat. Der Frosch ließ sich's gut schmecken, aber ihr blieb fast jedes Bißlein im Halse. Endlich sprach er: »Ich habe mich satt gegessen und bin müde, nun trag mich in dein Kämmerlein, und mach dein seiden Bettlein zurecht, da wollen wir uns schlafen legen.«

Die Königstochter fing an zu weinen und fürchtete sich vor dem kalten Frosch, den sie sich nicht anzurühren getraute und der nun in ihrem schönen reinen Bettlein schlafen sollte. Der König aber ward zornig und sprach: »Wer dir geholfen hat, als du in der Not warst, den sollst du hernach nicht verachten.« Da packte sie ihn mit zwei Fingern, trug ihn hinauf und setzte ihn in eine Ecke.

Als sie aber im Bett lag, kam er gekrochen und sprach: »Ich bin müde, ich will schlafen so gut wie du: Heb mich herauf, oder ich sag's deinem Vater.« Da ward sie erst bitterböse, holte ihn herauf und warf ihn aus allen Kräften wider die Wand: »Nun wirst du Ruhe haben, du garstiger Frosch.«

Als er aber herabfiel, war er kein Frosch, sondern ein Königssohn mit schönen und freundlichen Augen. Der war nun nach ihres Vaters Willen ihr lieber Geselle und Gemahl. Da erzählte er ihr, er wäre von einer bösen Hexe verwünscht worden und niemand hätte ihn aus dem Brunnen erlösen können als sie allein, und morgen wollten sie zusammen in sein Reich gehen.

Dann schliefen sie ein, und am anderen Morgen, als die Sonne sie aufweckte, kam ein Wagen herangefahren, mit acht weißen Pferden bespannt, die hatten weiße Straußenfedern auf dem Kopf und gingen in goldenen Ketten, und hinten stand der Diener des jungen Königs, das war der treue Heinrich. Der treue Heinrich hatte sich so betrübt, als sein Herr in einen Frosch verwandelt worden war, daß er drei eiserne Bande hatte um sein Herz legen lassen, damit es ihm nicht vor Weh und Traurigkeit zerspränge. Der Wagen aber sollte den jungen König in sein Reich abholen; der treue Heinrich hob beide hinein, stellte sich wieder hinten auf und war voller Freude über die Erlösung. Und als sie ein Stück Wegs gefahren waren, hörte der Königssohn, daß es hinter ihm krachte, als wäre etwas zerbrochen. Da drehte er sich um und rief:

»Heinrich, der Wagen bricht.«
»Nein, Herr, der Wagen nicht,
es ist ein Band von meinem Herzen,
das da lag in großen Schmerzen,
als Ihr in dem Brunnen saßt,
als Ihr eine Fretsche (Frosch) wast (wart).«

Noch einmal und noch einmal krachte es auf dem Weg, und der Königssohn meinte immer, der Wagen bräche, und es waren doch nur die Bande, die vom Herzen des treuen Heinrich absprangen, weil sein Herr erlöst und glücklich war.

Aus: *Kinder- und Hausmärchen. Gesammelt durch die Brüder Grimm*. Marburg 1922.

Das Märchen vom »Froschkönig« zeigt uns, wie wir vom Kind (= Krebs, der dem Steinbock auf dem Tierkreis gegenüberliegt) zum Erwachsenen reifen, der die Regeln und Notwendigkeiten des Lebens gelernt hat (= Steinbock).

Die Königstochter spielt sorglos mit ihrem Ball, und nichts scheint diese behütete Welt zu trüben, in der sie sich nach Lust und Laune vergnügen kann. Doch dann fällt der Ball in den Brunnen, und sie lernt, sich mit den Realitäten des Lebens auseinanderzusetzen: Nur ein »garstiger« Frosch kann helfen, und er verlangt eine Gegenleistung von ihr, die ihr nun gar kein Vergnügen bereitet. Und weil sie überhaupt keine Lust hat, mit dem Frosch zu spielen und ihn obendrein noch in ihrem Bett schlafen zu lassen, verspricht sie ihm, was er will, und versucht sich schnell um ihr Versprechen zu drücken, als sie den Ball wieder hat.

Doch sie hat die Rechnung ohne den Wirt gemacht. Dieses Ereignis ist ihr Eintritt in das Leben der Erwachsenen. Ihr Vater, der König, verlangt, daß sie nicht ihren Gefühlen nachgibt, denn was man verspricht, das muß man auch halten! So lernt die Königstochter, wenn auch schmerzlich, die Grenzen anderer zu respektieren und sich in einen vorgegebenen Rahmen einzuordnen.

Allerdings kann es weder für die Königstochter noch für die Steinböcke, noch für irgend jemand unter uns richtig sein, immer nur festgesetzten Spielregeln zu folgen, auch wenn sie noch so sehr helfen, das Zusammenleben mehrerer Menschen zu regeln und überschaubar zu machen.

Der Frosch will nun auch noch in ihr Bett, nach einem Tag des Spielens und Miteinanderessens. Sie packt ihn und wirft ihn an die Wand, und siehe da, er verwandelt sich in einen schönen Prinzen! So lernen wir, daß wir überall dort, wo das Steinbock-Prinzip in unserem Horoskop wirksam ist, uns zum einen gewissen Gesetzen fügen und andererseits doch auch unseren eigenen Weg finden müssen.

Und wie die Königstochter gehen wir diesen Weg oft eher gezwungenermaßen, so lange, bis sich eine innere Umkehr bei uns einstellt und wir ein reifes, ausgewogenes

Verhältnis zu Notwendigkeiten und persönlicher Freiheit erlangen. Dann aber geht es uns wie Heinrich, dessen Eisenbänder um sein Herz zerspringen und ihn nicht länger bedrücken.

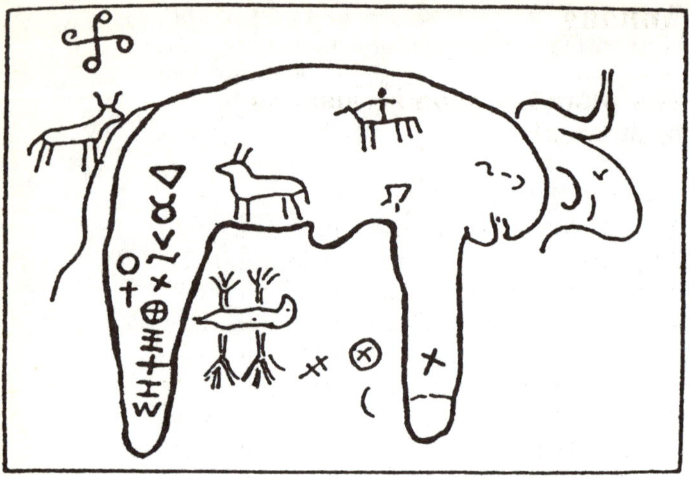

Die älteste bekannte Darstellung der Tierkreiszeichen (ca. 10 000 v. Chr.).
Aus: L. Frobenius, H. Obermaier: Hadschra Maktouba (Kurt Wolf-Verlag, München).

Anhang

Von wann bis wann ist man ein Steinbock?

Beginn des Steinbock-Zeichens

22.12.1920 um 04:17; 22.12.1921 um 10:07;
22.12.1922 um 15:57; 22.12.1923 um 21:53;
22.12.1924 um 03:45; 22.12.1925 um 09:37;
22.12.1926 um 15:33; 22.12.1927 um 21:19;
22.12.1928 um 03:04; 22.12.1929 um 08:53;
22.12.1930 um 14:40; 22.12.1931 um 20:30;
22.12.1932 um 02:14; 22.12.1933 um 07:58;
22.12.1934 um 13:49; 22.12.1935 um 19:37;
22.12.1936 um 01:27; 22.12.1937 um 07:22;
22.12.1938 um 13:14; 22.12.1939 um 19:06;
22.12.1940 um 00:55; 22.12.1941 um 06:44;
22.12.1942 um 12:40; 22.12.1943 um 18:29;
22.12.1944 um 00:15; 22.12.1945 um 06:04;
22.12.1946 um 11:53; 22.12.1947 um 17:43;
21.12.1948 um 23:33; 22.12.1949 um 05:23;
22.12.1950 um 11:14; 22.12.1951 um 17:00;
21.12.1952 um 22:43; 22.12.1953 um 04:32;
22.12.1954 um 10:25; 22.12.1955 um 16:11;
21.12.1956 um 22:00; 22.12.1957 um 03:49;
22.12.1958 um 09:40; 22.12.1959 um 15:35;
21.12.1960 um 21:26; 22.12.1961 um 03:20;
22.12.1962 um 09:16; 22.12.1963 um 15:02;
21.12.1964 um 20:50; 22.12.1965 um 02:41;
22.12.1966 um 08:28; 22.12.1967 um 14:17;
21.12.1968 um 20:00; 22.12.1969 um 01:44;
22.12.1970 um 07:36; 22.12.1971 um 13:24;
21.12.1972 um 19:13; 22.12.1973 um 01:08;
22.12.1974 um 06:56; 22.12.1975 um 12:46;
21.12.1976 um 18:35; 22.12.1977 um 00:23;

22.12.1978 um 06:21; 22.12.1979 um 12:10;
21.12.1980 um 17:56; 21.12.1981 um 23:51;
22.12.1982 um 05:38; 22.12.1983 um 11:30;
21.12.1984 um 17:23; 21.12.1985 um 23:08;
22.12.1986 um 05:03; 22.12.1987 um 10:46;
21.12.1988 um 16:28; 21.12.1989 um 22:22;
22.12.1990 um 04:07; 22.12.1991 um 09:54;
21.12.1992 um 15:44; 21.12.1993 um 21:26;
22.12.1994 um 03:23; 22.12.1995 um 09:17;
21.12.1996 um 15:06; 21.12.1997 um 21:08;
22.12.1998 um 02:57; 22.12.1999 um 08:44;
21.12.2000 um 14:38; 21.12.2001 um 20:22;
22.12.2002 um 02:15; 22.12.2003 um 08:04;
21.12.2004 um 13:42; 21.12.2005 um 19:35;
22.12.2006 um 01:23; 22.12.2007 um 07:08;
21.12.2008 um 13:04; 21.12.2009 um 18:47;
22.12.2010 um 00:39; 22.12.2011 um 06:30.
Alle Zeitangaben in mitteleuropäischer Zeit.

Ende des Steinbock-Zeichens

20.01.1921 um 14:55; 20.01.1922 um 20:48;
21.01.1923 um 02:35; 21.01.1924 um 08:28;
20.01.1925 um 14:20; 20.01.1926 um 20:13;
21.01.1927 um 02:12; 21.01.1928 um 07:57;
20.01.1929 um 13:42; 20.01.1930 um 19:33;
21.01.1931 um 01:18; 21.01.1932 um 07:07;
20.01.1933 um 12:53; 20.01.1934 um 18:37;
21.01.1935 um 00:28; 21.01.1936 um 06:12;
20.01.1937 um 12:01; 20.01.1938 um 17:59;
20.01.1939 um 23:51; 21.01.1940 um 05:44;
20.01.1941 um 11:34; 20.01.1942 um 17:24;
20.01.1943 um 23:19; 21.01.1944 um 05:07;
20.01.1945 um 10:54; 20.01.1946 um 16:45;
20.01.1947 um 22:32; 21.01.1948 um 04:19;
20.01.1949 um 10:09; 20.01.1950 um 16:00;
20.01.1951 um 21:52; 21.01.1952 um 03:39;

20.01.1953 um 09:22; 20.01.1954 um 15:11;
20.01.1955 um 21:02; 21.01.1956 um 02:48;
20.01.1957 um 08:39; 20.01.1958 um 14:29;
20.01.1959 um 20:19; 21.01.1960 um 02:10;
20.01.1961 um 08:01; 20.01.1962 um 13:58;
20.01.1963 um 19:54; 21.01.1964 um 01:41;
20.01.1965 um 07:29; 20.01.1966 um 13:20;
20.01.1967 um 19:08; 21.01.1968 um 00:54;
20.01.1969 um 06:38; 20.01.1970 um 12:24;
20.01.1971 um 18:13; 20.01.1972 um 23:59;
20.01.1973 um 05:49; 20.01.1974 um 11:46;
20.01.1975 um 17:37; 20.01.1976 um 23:25;
20.01.1977 um 05:15; 20.01.1978 um 11:04;
20.01.1979 um 17:00; 20.01.1980 um 22:49;
20.01.1981 um 04:36; 20.01.1982 um 10:31;
20.01.1983 um 16:17; 20.01.1984 um 22:05;
20.01.1985 um 03:58 20.01.1986 um 09:47;
20.01.1987 um 15:41; 20.01.1988 um 21:25;
20.01.1989 um 03:07; 20.01.1990 um 09:02;
20.01.1991 um 14:47; 20.01.1992 um 20:33;
20.01.1993 um 02:23; 20.01.1994 um 08:08;
20.01.1995 um 14:01; 20.01.1996 um 19:53;
20.01.1997 um 01:43; 20.01.1998 um 07:47;
20.01.1999 um 13:38; 20.01.2000 um 19:24;
20.01.2001 um 01:17; 20.01.2002 um 07:02;
20.01.2003 um 12:53; 20.01.2004 um 18:43;
20.01.2005 um 00:22; 20.01.2006 um 06:16;
20.01.2007 um 12:01; 20.01.2008 um 17:44;
19.01.2009 um 23:41; 20.01.2010 um 05:28;
20.01.2011 um 11:29.
Alle Zeitangaben in mitteleuropäischer Zeit.

Lesebeispiel:

»22.12.1977 um 00:23«. Das heißt, am 22.12. 1977 trat die Sonne um 00:23 Uhr in das Tierkreiszeichen Steinbock. Wer nach 00:23 Uhr geboren wurde, ist also bereits ein Steinbock, wer vor dieser Zeit zur Welt kam, noch ein Schütze.

Die Bestimmung des Mondzeichens

Die einfache Anwendung der Mond-Tabelle

1. Suchen Sie zuerst die Spalte mit Ihrem *Geburtstag.*
2. Suchen Sie die Zeile, in der sich das *Geburtsjahr* befindet.
3. Lesen Sie das Mondzeichen ab.
4. Steht hinter der gesuchten Jahreszahl in Klammern eine Uhrzeit, kann sich der Mond statt im angegebenen Zeichen auch im vorhergehenden befinden. Also statt im Widder auch in den Fischen, statt im Stier auch im Widder und so weiter.
5. Lesen Sie die Texte zu beiden Mondzeichen, um herauszufinden, welches besser auf Sie zutrifft.

Genaue Bestimmung des Mondzeichens

1. Suchen Sie zuerst die Spalte, in der Ihr Geburtstag steht.
2. Wählen Sie die Zeile, in welcher der Jahrgang steht.
3. Ist Ihr Jahrgang nicht dabei, versuchen Sie Ihr Glück in der folgenden Spalte Ihres Geburtsdatums.
4. Da der Mond auch innerhalb eines Tages das Tierkreiszeichen wechseln kann, steht hinter manchen Jahreszahlen in Klammern eine Uhrzeit. Diese gibt in mitteleuropäischer Zeit an, um wieviel Uhr der Mond in

das am Ende der Zeile angegebene Zeichen wechselt. Wurden Sie vor der betreffenden Uhrzeit geboren, steht Ihr Mond nicht im aufgeführten Tierkreiszeichen, sondern in dem vorhergehenden. Wenn Sie die Symbole der Tierkreiszeichen nicht kennen, schauen Sie einfach auf Seite 15 nach.

5. Falls Sie an einem Tag geboren wurden, an dem der Mond das Tierkreiszeichen wechselt und Ihre Geburtszeit weniger als eine Stunde von der Uhrzeit des Zeichenwechsels abweicht, sollten Sie in der Tabelle »Sommerzeiten« nachschauen, ob an Ihrem Geburtstag Sommerzeit war. Bei »normaler« Sommerzeit müssen Sie eine Stunde von Ihrer Geburtszeit abziehen, um die MEZ (mitteleuropäische Zeit) zu erhalten. Bei doppelter Sommerzeit, die es nur 1945 gab, müssen zwei Stunden abgezogen werden, ebenso bei der Hochsommerzeit 1947.
6. Wenn Sie Ihre Geburtszeit nicht kennen, lesen Sie entweder unter beiden Mondzeichen nach und versuchen herauszufinden, welcher Text besser auf Sie zutrifft, oder Sie wenden sich schriftlich (mit frankiertem Rückumschlag) an das Standesamt Ihres Geburtsorts. Hier bekommen Sie in aller Regel umgehend Ihre genaue Geburtszeit mitgeteilt.

Falls Ihnen das alles zu kompliziert vorkommt: Es ist sehr viel leichter, als es im ersten Moment scheint. Zur Veranschaulichung ein paar praktische Beispiele.

Nehmen wir an, wir wollen wissen, welches Mondzeichen ein Mensch hat, der am 06.01.1954 geboren wurde.

Suchen Sie das fettgedruckte Datum 06.01. Gehen Sie in dieser Rubrik nach unten zu dem Jahrgang 1954. In derselben Zeile finden Sie das Symbol für das Tierkreiszeichen Wassermann. Die Uhrzeit (07:09 Uhr) bedeutet, daß um diese Zeit der Mond in das Tierkreiszeichen Wassermann wechselte. Wer vor dieser Uhrzeit geboren wurde, hatte also noch einen Steinbockmond.

Sommerzeiten

14.03.1921 23 h – 26.10.21 0 h MEZ franz. Zone
25.03.1922 23 h – 08.10.22 0 h MEZ franz. Zone
26.05.1923 23 h – 07.10.23 0 h MEZ franz. Zone
29.03.1924 23 h – 05.10.24 0 h MEZ franz. Zone
04.04.1925 23 h – 04.10.25 0 h MEZ franz. Zone
17.04.1926 23 h – 03.10.26 0 h MEZ franz. Zone
09.04.1927 23 h MEZ statt GMT franz. Zone
01.04.1940 2 h – 02.11.42 3 h MES*
01.01.1941 0 h – 02.11.42 3 h MES
01.01.1942 2 h – 02.11.42 3 h MES
29.03.1943 2 h – 04.10.43 3 h MES
03.04.1944 2 h – 02.10.44 3 h MES
02.04.1945 2 h – 16.09.45 2 h MES
(1945: doppelte Sommerzeit vom 24.05. bis 24.09., im sowjetisch besetzten Teil Deutschlands einschließlich West-Berlins bis 18.11. Sommerzeit)
14.04.1946 2 h – 07.10.46 3 h MES
06.04.1947 3 h – 11.05.47 3 h MES
11.05.1947 3 h – 29.06.47 3 h MES + 1
(1947: Vorstellung gegen MEZ: 2 Stunden [Hochsommerzeit])
29.06.1947 3 h – 05.10.47 3 h MES
18.04.1948 2 h – 03.10.48 3 h MES
10.04.1949 2 h – 02.10.49 3 h MES

06.04.1980 2 h – 28.09.80 3 h MES
29.03.1981 2 h – 27.09.81 3 h MES
28.03.1982 2 h – 26.09.82 3 h MES
27.03.1983 2 h – 25.09.83 3 h MES
25.03.1984 2 h – 30.09.84 3 h MES
31.03.1985 2 h – 29.09.85 3 h MES
30.03.1986 2 h – 28.09.86 3 h MES
29.03.1987 2 h – 27.09.87 3 h MES
27.03.1988 2 h – 25.09.88 3 h MES
26.03.1989 2 h – 24.09.89 3 h MES
25.03.1990 2 h – 30.09.90 3 h MES
31.03.1991 2 h – 29.09.91 3 h MES
29.03.1992 2 h – 27.09.92 3 h MES
28.03.1993 2 h – 26.09.93 3 h MES
27.03.1994 2 h – 25.09.94 3 h MES
26.03.1995 2 h – 24.09.95 3 h MES
31.03.1996 2 h – 27.10.96 3 h MES
30.03.1997 2 h – 26.10.97 3 h MES
29.03.1998 2 h – 25.10.98 3 h MES
28.03.1999 2 h – 31.10.99 3 h MES**
26.03.2000 2 h – 29.10.00 3 h MES**
25.03.2001 2 h – 28.10.01 3 h MES**

* 1940 bis 1942 durchgehend
** voraussichtlich (Stand 1998)

GMT = Greenwich mean time (Greenwich-Zeit)
MES = mitteleuropäische Sommerzeit
MEZ = mitteleuropäische Zeit

Geburtsdatum/ Mondzeichen			*Geburtsdatum/ Mondzeichen*			*Geburtsdatum/ Mondzeichen*			*Geburtsdatum/ Mondzeichen*		
21.12.			1951		♎	2008	(00:36)	♏	1973		♐
1948	(01:19)	♍	1952		♓	2009	(00:42)	♓	1974		♈
1952	(14:45)	♓	1953	(21:23)	♌	2010		♋	1975	(07:27)	♍
1956		♌	1954	(14:35)	♐	**23.12.**			1976	(05:48)	♒
1960		♒	1955	(11:05)	♈	1920	(08:15)	♊	1977		♊
1964	(07:31)	♌	1956	(03:56)	♍	1921		♎	1978		♎
1968	(21:59)	♒	1957		♑	1922	(11:14)	♓	1979	(20:50)	♓
1972		♋	1958		♉	1923	(07:40)	♋	1980	(22:34)	♌
1976	(04:12)	♑	1959		♍	1924	(22:55)	♐	1981	(13:11)	♐
1980	(19:03)	♋	1960	(17:47)	♓	1925		♈	1982	(12:34)	♈
1981	(00:39)	♏	1961	(01:50)	♋	1926		♌	1983		♌
1984		♐	1962		♏	1927		♐	1984		♑
1985	(20:41)	♉	1963		♓	1928		♉	1985		♉
1988		♊	1964		♌	1929	(02:03)	♎	1986		♍
1989		♎	1965	(20:27)	♑	1930		♒	1987		♒
1992	(13:42)	♐	1966	(16:07)	♉	1931		♊	1988	(03:35)	♋
1993	(01:19)	♈	1967	(03:21)	♍	1932	(02:53)	♏	1989		♏
1996		♉	1968		♒	1933	(18:15)	♈	1990		♓
1997	(22:35)	♎	1969		♊	1934	(12:37)	♌	1991	(12:38)	♌
2000		♏	1970		♎	1935	(06:45)	♐	1992	(21:04)	♑
2001		♓	1971	(18:10)	♓	1936	(16:05)	♉	1993	(14:05)	♉
2004	(06:52)	♉	1972	(13:34)	♌	1937		♍	1994	(07:01)	♍
2005	(03:39)	♍	1973		♐	1938		♑	1995		♑
2008		♎	1974		♈	1939		♉	1996		♊
2009		♒	1975		♌	1940		♎	1997		♎
22.12.			1976		♑	1941		♓	1998	(22:45)	♓
1920		♉	1977	(17:51)	♊	1942		♋	1999		♋
1921		♎	1978	(17:40)	♎	1943		♏	2000		♐
1922		♒	1979		♒	1944		♈	2001		♈
1923		♊	1980		♋	1945	(15:44)	♍	2002		♌
1924		♏	1981		♏	1946	(11:50)	♑	2003	(08:55)	♑
1925	(11:57)	♈	1982		♓	1947	(07:11)	♉	2004	(17:32)	♊
1926		♌	1983	(08:44)	♌	1948	(03:59)	♎	2005	(16:26)	♎
1927		♐	1984	(11:21)	♑	1949		♒	2006		♒
1928	(12:25)	♉	1985		♉	1950		♊	2007	(23:18)	♋
1929		♍	1986		♍	1951		♎	2008		♏
1930	(16:43)	♒	1987	(22:20)	♒	1952	(17:30)	♈	2009		♓
1931	(11:59)	♊	1988		♊	1953		♌	2010	(13:50)	♌
1932		♎	1989	(17:18)	♏	1954		♐	**24.12.**		
1933		♓	1990	(14:48)	♓	1955		♈	1920		♊
1934		♋	1991		♋	1956		♍	1921	(02:33)	♏
1935		♏	1992		♐	1957	(16:19)	♒	1922		♓
1936		♈	1993		♈	1958	(11:09)	♊	1923		♋
1937	(04:57)	♍	1994		♌	1959	(03:29)	♎	1924		♐
1938		♑	1995	(03:46)	♑	1960		♓	1925	(17:25)	♉
1939		♉	1996	(06:17)	♊	1961		♋	1926	(08:02)	♍
1940	(02:37)	♎	1997		♎	1962		♏	1927	(02:38)	♑
1941	(21:33)	♓	1998		♒	1963	(18:41)	♈	1928	(13:40)	♊
1942	(15:46)	♋	1999	(17:52)	♋	1964	(08:41)	♍	1929		♎
1943	(12:46)	♏	2000	(22:57)	♐	1965		♑	1930		♒
1944	(15:42)	♈	2001	(19:45)	♈	1966		♉	1931	(20:22)	♋
1945		♌	2002	(07:48)	♌	1967		♍	1932		♏
1946		♐	2003		♐	1968		♒	1933		♈
1947		♈	2004		♉	1969	(15:09)	♋	1934		♌
1948		♍	2005		♍	1970	(12:27)	♏	1935		♐
1949	(03:24)	♒	2006	(22:49)	♒	1971		♓	1936		♉
1950		♊	2007		♊	1972		♌	1937	(10:53)	♎

Geburtsdatum/ Mondzeichen			*Geburtsdatum/ Mondzeichen*			*Geburtsdatum/ Mondzeichen*			*Geburtsdatum/ Mondzeichen*		
1938	(08:59)	♒	1995	(02:52)	♒	1960		♈	1925		♉
1939	(01:37)	♊	1996	(15:14)	♋	1961		♌	1926	(20:31)	♎
1940	(05:30)	♏	1997	(11:07)	♏	1962		♐	1927	(10:54)	♒
1941		♓	1998		♓	1963	(21:57)	♉	1928	(13:16)	♋
1942		♋	1999	(17:32)	♌	1964	(13:04)	♎	1929		♏
1943	(18:44)	♐	2000		♐	1965	(07:44)	♒	1930		♓
1944	(18:24)	♉	2001		♈	1966	(02:14)	♊	1931		♋
1945		♍	2002	(13:05)	♍	1967		♎	1932		♐
1946		♑	2003		♑	1968		♓	1933	(02:43)	♉
1947		♉	2004		♊	1969		♋	1934	(01:32)	♍
1948		♎	2005		♎	1970	(20:28)	♐	1935		♑
1949	(10:20)	♓	2006		♒	1971		♈	1936		♊
1950	(07:18)	♋	2007		♋	1972		♍	1937	(20:45)	♏
1951	(00:39)	♏	2008	(12:13)	♐	1973		♑	1938	(21:41)	♓
1952		♈	2009	(12:39)	♈	1974		♉	1939	(06:03)	♋
1953		♌	2010		♌	1975	(10:27)	♎	1940	(07:36)	♐
1954		♐	**25.12.**			1976	(10:36)	♓	1941		♈
1955	(16:33)	♉	1920	(08:13)	♋	1977	(06:30)	♋	1942		♌
1956	(06:39)	♎	1921		♏	1978	(02:32)	♏	1943	(21:24)	♑
1957		♒	1922	(23:22)	♈	1979	(23:40)	♈	1944	(21:26)	♊
1958		♊	1923	(17:40)	♌	1980		♌	1945	(00:45)	♎
1959		♎	1924	(22:18)	♑	1981		♐	1946	(00:30)	♒
1960	(21:35)	♈	1925		♉	1982	(19:37)	♉	1947		♊
1961	(11:26)	♌	1926		♍	1983		♍	1948		♏
1962	(06:33)	♐	1927		♑	1984		♒	1949	(21:05)	♈
1963		♈	1928		♊	1985		♊	1950	(18:45)	♌
1964		♍	1929	(09:12)	♏	1986		♎	1951	(03:27)	♐
1965		♑	1930	(04:35)	♓	1987		♓	1952		♉
1966		♉	1931		♋	1988	(10:57)	♌	1953		♍
1967	(08:27)	♎	1932	(03:42)	♐	1989	(05:37)	♐	1954		♑
1968	(00:01)	♓	1933		♈	1990		♈	1955	(18:33)	♊
1969		♋	1934		♌	1991	(13:23)	♍	1956	(12:09)	♏
1970		♏	1935	(13:27)	♑	1992		♑	1957	(02:41)	♓
1971	(22:09)	♈	1936	(17:24)	♊	1993		♉	1958		♋
1972	(17:03)	♍	1937		♎	1994	(13:27)	♎	1959		♏
1973	(10:41)	♑	1938		♒	1995		♒	1960		♈
1974	(07:45)	♉	1939		♊	1996		♋	1961	(23:29)	♍
1975		♍	1940		♏	1997		♏	1962	(15:19)	♑
1976		♒	1941	(05:24)	♈	1998		♓	1963		♉
1977		♊	1942	(04:35)	♌	1999		♌	1964		♎
1978		♎	1943		♐	2000	(09:54)	♑	1965		♒
1979		♓	1944		♉	2001	(07:12)	♉	1966		♊
1980		♌	1945		♍	2002		♍	1967	(11:36)	♏
1981		♐	1946		♑	2003	(09:13)	♒	1968	(06:02)	♈
1982		♈	1947	(11:47)	♊	2004		♊	1969	(03:21)	♌
1983	(10:01)	♍	1948	(07:39)	♏	2005		♎	1970		♐
1984	(16:47)	♒	1949		♓	2006	(02:43)	♓	1971		♈
1985	(09:45)	♊	1950		♋	2007		♋	1972		♍
1986	(06:05)	♎	1951		♏	2008		♐	1973	(23:43)	♒
1987	(23:10)	♓	1952	(21:46)	♉	2009		♈	1974	(14:15)	♊
1988		♋	1953	(06:24)	♍	2010	(16:14)	♍	1975		♎
1989		♏	1954	(02:40)	♑	**26.12.**			1976		♓
1990	(22:45)	♈	1955		♉	1920		♋	1977		♋
1991		♌	1956		♎	1921	(09:02)	♐	1978		♏
1992		♑	1957		♒	1922		♈	1979		♈
1993		♉	1958	(21:33)	♋	1923		♌	1980	(05:32)	♍
1994		♍	1959	(08:01)	♏	1924		♑	1981	(01:59)	♑

Geburtsdatum/ Mondzeichen		
1982		♉
1983	(12:18)	♎
1984		♒
1985	(21:44)	♋
1986	(12:06)	♏
1987		♓
1988		♌
1989		♐
1990		♈
1991		♍
1992	(06:43)	♒
1993	(01:46)	♊
1994		♎
1995	(03:45)	♓
1996		♋
1997	(21:07)	♐
1998	(04:04)	♈
1999	(19:34)	♍
2000		♑
2001		♉
2002	(16:53)	♎
2003		♒
2004	(05:38)	♋
2005	(03:04)	♏
2006		♓
2007	(00:52)	♌
2008		♐
2009	(21:26)	♉
2010		♍
27.12.		
1920	(07:16)	♌
1921		♐
1922		♈
1923		♌
1924	(21:41)	♒
1925	(01:18)	♊
1926		♎
1927		♒
1928		♋
1929	(19:12)	♐
1930	(17:29)	♈
1931	(02:16)	♌
1932	(03:31)	♑
1933		♉
1934		♍
1935	(17:46)	♒
1936	(18:36)	♋
1937		♏
1938		♓
1939		♋
1940		♐
1941	(16:43)	♉
1942	(17:10)	♍
1943		♑
1944		♊
1945		♎
1946		♒
1947	(13:03)	♋
1948	(12:29)	♐
1949		♈
1950		♌
1951		♐
1952		♉
1953	(18:11)	♎
1954	(13:00)	♒
1955		♊
1956		♏
1957		♓
1958		♋
1959	(09:16)	♐
1960	(04:30)	♉
1961		♍
1962		♑
1963	(22:58)	♊
1964	(21:11)	♏
1965	(20:17)	♓
1966	(08:58)	♋
1967		♏
1968		♈
1969		♌
1970		♐
1971	(00:45)	♉
1972	(00:21)	♎
1973		♒
1974		♊
1975	(13:28)	♏
1976	(19:32)	♈
1977	(18:52)	♌
1978	(07:07)	♐
1979		♈
1980		♍
1981		♑
1982	(22:49)	♊
1983		♎
1984	(01:18)	♓
1985		♋
1986		♏
1987	(02:05)	♈
1988	(21:27)	♍
1989	(16:10)	♑
1990	(03:09)	♉
1991	(16:37)	♎
1992		♒
1993		♊
1994	(17:17)	♏
1995		♓
1996	(02:09)	♌
1997		♐
1998		♈
1999		♍
2000	(22:25)	♒
2001	(15:39)	♊
2002		♎
2003	(12:10)	♓
2004		♋
2005		♏
2006	(06:04)	♈
2007		♌
2008	(00:56)	♑
2009		♉
2010	(18:38)	♎
28.12.		
1920		♌
1921	(17:16)	♑
1922	(12:13)	♉
1923	(01:51)	♍
1924		♒
1925		♊
1926		♎
1927	(17:00)	♓
1928	(13:07)	♌
1929		♐
1930		♈
1931		♌
1932		♑
1933	(13:43)	♊
1934	(13:59)	♎
1935		♒
1936		♋
1937		♏
1938		♓
1939	(08:05)	♌
1940	(09:58)	♑
1941		♉
1942		♍
1943	(22:21)	♒
1944		♊
1945	(12:43)	♏
1946	(11:43)	♓
1947		♋
1948		♐
1949		♈
1950		♌
1951	(03:24)	♑
1952	(03:48)	♊
1953		♎
1954		♒
1955	(18:17)	♋
1956	(20:20)	♐
1957	(15:13)	♈
1958	(05:33)	♌
1959		♐
1960		♉
1961		♍
1962	(21:42)	♒
1963		♊
1964		♏
1965		♓
1966		♋
1967	(13:09)	♐
1968	(15:57)	♉
1969	(16:20)	♍
1970	(01:01)	♑
1971		♉
1972		♎
1973		♒
1974	(17:15)	♋
1975		♏
1976		♈
1977		♌
1978		♐
1979	(03:08)	♉
1980	(16:05)	♎
1981	(13:54)	♒
1982		♊
1983	(16:27)	♏
1984		♓
1985		♋
1986	(14:20)	♐
1987		♈
1988		♍
1989		♑
1990		♉
1991		♎
1992	(18:28)	♓
1993	(10:46)	♋
1994		♏
1995	(08:06)	♈
1996		♌
1997		♐
1998	(07:05)	♉
1999		♍
2000		♒
2001		♊
2002	(19:41)	♏
2003		♓
2004	(18:14)	♌
2005	(09:44)	♐
2006		♈
2007	(05:44)	♍
2008		♑
2009		♉
2010		♎
29.12.		
1920	(07:37)	♍
1921		♑
1922		♉
1923		♍
1924	(23:06)	♓
1925	(11:26)	♋
1926	(08:28)	♏
1927		♓
1928		♌
1929		♐
1930		♈
1931	(06:41)	♍
1932	(04:23)	♒
1933		♊

Geburtsdatum/ Mondzeichen			*Geburtsdatum/ Mondzeichen*			*Geburtsdatum/ Mondzeichen*			*Geburtsdatum/ Mondzeichen*		
1934		♎	1991	(23:03)	♏	1956		♐	1921	(03:31)	♒
1935	(20:42)	♓	1992		♓	1957		♈	1922		♊
1936	(21:14)	♌	1993		♋	1958	(11:41)	♍	1923		♎
1937	(09:12)	♐	1994	(18:45)	♐	1959		♑	1924		♓
1938	(09:14)	♈	1995		♈	1960		♊	1925	(23:26)	♌
1939		♌	1996	(14:45)	♍	1961		♎	1926	(17:50)	♐
1940		♑	1997	(03:48)	♑	1962		♒	1927		♈
1941		♉	1998		♉	1963		♋	1928		♍
1942		♍	1999	(01:14)	♎	1964	(08:20)	♐	1929		♑
1943		♒	2000		♒	1965	(08:40)	♈	1930		♉
1944	(01:44)	♋	2001	(20:40)	♋	1966		♌	1931	(10:17)	♎
1945		♏	2002		♏	1967	(14:11)	♑	1932	(08:16)	♓
1946		♓	2003	(19:08)	♈	1968		♉	1933	(02:07)	♋
1947	(12:41)	♌	2004		♌	1969		♍	1934		♏
1948	(18:46)	♑	2005		♐	1970	(03:24)	♒	1935	(23:15)	♈
1949	(09:58)	♉	2006	(09:08)	♉	1971		♊	1936		♌
1950	(04:41)	♍	2007		♍	1972		♏	1937	(22:17)	♑
1951		♑	2008	(13:42)	♒	1973		♓	1938	(17:47)	♉
1952		♊	2009	(02:13)	♊	1974	(18:05)	♌	1939		♍
1953		♎	2010	(21:49)	♏	1975		♐	1940		♒
1954	(21:09)	♓	**30.12.**			1976	(07:43)	♉	1941		♊
1955		♋	1920		♍	1977	(06:13)	♍	1942		♎
1956		♐	1921		♑	1978		♑	1943		♓
1957		♈	1922	(23:02)	♊	1979	(07:32)	♊	1944	(08:19)	♌
1958		♌	1923	(07:51)	♎	1980		♎	1945	(01:32)	♐
1959	(08:38)	♑	1924		♓	1981		♒	1946		♈
1960	(14:01)	♊	1925		♋	1982		♋	1947	(12:47)	♍
1961	(12:26)	♎	1926		♏	1983	(22:44)	♐	1948		♑
1962		♒	1927	(21:19)	♈	1984		♈	1949	(22:13)	♊
1963	(23:07)	♋	1928	(15:12)	♍	1985		♌	1950	(12:20)	♎
1964		♏	1929	(06:56)	♑	1986	(13:54)	♑	1951		♒
1965		♓	1930	(04:52)	♉	1987		♉	1952		♋
1966	(12:57)	♌	1931		♍	1988	(10:09)	♎	1953		♏
1967		♐	1932		♒	1989	(00:38)	♒	1954		♓
1968		♉	1933		♊	1990		♊	1955		♌
1969		♍	1934	(23:41)	♏	1991		♏	1956	(06:37)	♑
1970		♑	1935		♓	1992		♓	1957	(03:37)	♉
1971	(02:38)	♊	1936		♌	1993	(16:59)	♌	1958		♍
1972	(11:10)	♏	1937		♐	1994		♐	1959	(08:15)	♒
1973	(12:10)	♓	1938		♈	1995	(16:21)	♉	1960		♊
1974		♋	1939	(09:29)	♍	1996		♍	1961	(23:42)	♏
1975	(16:53)	♐	1940	(14:09)	♒	1997		♑	1962	(02:20)	♓
1976		♈	1941	(05:27)	♊	1998	(08:22)	♊	1963		♋
1977		♌	1942	(03:44)	♎	1999		♎	1964		♐
1978	(08:15)	♑	1943	(23:17)	♓	2000	(11:27)	♓	1965		♈
1979		♉	1944		♋	2001		♋	1966	(15:33)	♍
1980		♎	1945		♏	2002	(22:01)	♐	1967		♑
1981		♒	1946	(20:31)	♈	2003		♈	1968	(04:11)	♊
1982	(23:12)	♋	1947		♌	2004		♌	1969	(04:18)	♎
1983		♏	1948		♑	2005	(12:35)	♑	1970		♒
1984	(12:49)	♈	1949		♉	2006		♉	1971	(05:01)	♋
1985	(07:44)	♌	1950		♍	2007	(14:37)	♎	1972	(23:51)	♐
1986		♐	1951	(02:36)	♒	2008		♒	1973	(22:34)	♈
1987	(07:37)	♉	1952	(11:53)	♋	2009		♊	1974		♌
1988		♍	1953	(06:43)	♏	2010		♏	1975	(21:16)	♑
1989		♑	1954		♓	**31.12.**			1976		♉
1990	(04:26)	♊	1955	(17:36)	♌	1920	(11:06)	♎	1977		♍

Geburtsdatum/ Mondzeichen		
1978	(07:53)	♒
1979		♊
1980	(04:36)	♏
1981	(00:01)	♓
1982	(22:33)	♌
1983		♐
1984		♈
1985	(15:43)	♍
1986		♑
1987	(15:29)	♊
1988		♎
1989		♒
1990	(04:02)	♋
1991		♏
1992	(07:07)	♈
1993		♌
1994	(18:57)	♑
1995		♉
1996		♍
1997	(07:58)	♒
1998		♊
1999	(10:36)	♏
2000		♓
2001	(23:09)	♌
2002		♐
2003		♈
2004	(06:33)	♍
2005		♑
2006	(12:16)	♊
2007		♎
2008		♒
2009	(03:45)	♋
2010		♏
01.01.		
1921		♎
1922		♒
1923		♊
1924	(11:23)	♏
1925	(03:57)	♈
1926		♌
1927		♐
1928		♈
1929	(21:08)	♎
1930	(19:29)	♒
1931	(12:34)	♊
1932		♎
1933		♓
1934		♋
1935		♏
1936		♈
1937	(02:45)	♍
1938		♑
1939		♉
1940	(11:43)	♎
1941	(21:35)	♓
1942	(17:42)	♋
1943	(10:40)	♏
1944		♓
1945		♌
1946		♐
1947		♈
1948		♍
1949	(03:07)	♒
1950		♊
1951		♎
1952	(03:10)	♓
1953	(22:17)	♌
1954	(17:39)	♐
1955	(02:56)	♈
1956	(18:31)	♍
1957		♑
1958		♉
1959	(16:21)	♎
1960		♒
1961	(01:22)	♋
1962		♏
1963		♓
1964	(00:09)	♌
1965	(21:06)	♑
1966	(18:46)	♉
1967		♍
1968	(16:23)	♒
1969		♊
1970		♎
1971	(05:08)	♓
1972		♋
1973		♐
1974		♈
1975	(18:32)	♍
1976		♑
1977	(20:43)	♊
1978	(15:31)	♎
1979		♒
1980	(13:29)	♋
1981		♏
1982		♓
1983		♌
1984		♐
1985	(01:36)	♉
1986		♍
1987	(12:54)	♒
1988		♊
1989	(22:34)	♏
1990	(07:10)	♓
1991		♋
1992	(08:30)	♐
1993		♈
1994	(21:15)	♍
1995		♑
1996		♉
1997	(03:32)	♎
1998		♒
1999	(09:15)	♋
2000		♏
2001	(23:14)	♈
2002		♌
2003		♐
2004	(06:02)	♉
2005		♍
2006	(13:14)	♒
2007		♊
2008		♎
2009	(01:27)	♓
2010		♋
2011	(02:21)	♐
02.01.		
1920	(23:13)	♊
1921	(18:27)	♏
1922	(15:44)	♓
1923	(06:39)	♋
1924		♏
1925		♈
1926		♌
1927	(23:51)	♑
1928	(00:14)	♉
1929		♎
1930		♒
1931		♊
1932	(13:24)	♏
1933	(16:13)	♈
1934	(14:56)	♌
1935	(05:27)	♐
1936		♈
1937		♍
1938		♑
1939	(22:19)	♊
1940		♎
1941		♓
1942		♋
1943		♏
1944	(01:34)	♈
1945	(17:49)	♍
1946	(13:11)	♑
1947	(02:06)	♉
1948	(15:10)	♎
1949		♒
1950		♊
1951	(16:58)	♏
1952		♓
1953		♌
1954		♐
1955		♈
1956		♍
1957	(18:25)	♒
1958	(13:21)	♊
1959		♎
1960	(10:19)	♓
1961		♋
1962		♏
1963	(05:48)	♈
1964		♌
1965		♑
1966		♉
1967	(18:04)	♎
1968		♒
1969	(16:53)	♋
1970	(13:03)	♏
1971		♓
1972	(09:22)	♌
1973		♐
1974		♈
1975		♍
1976		♑
1977		♊
1978		♎
1979	(08:08)	♓
1980		♋
1981	(16:42)	♐
1982	(07:33)	♈
1983	(22:49)	♍
1984	(07:07)	♑
1985		♉
1986	(21:45)	♎
1987		♒
1988		♊
1989		♏
1990		♓
1991	(03:54)	♌
1992		♐
1993	(18:30)	♉
1994		♍
1995	(19:39)	♒
1996	(03:29)	♊
1997		♎
1998	(10:56)	♓
1999		♋
2000	(22:32)	♐
2001		♈
2002		♌
2003	(00:42)	♑
2004		♉
2005	(17:19)	♎
2006		♒
2007	(16:14)	♋
2008	(02:32)	♏
2009		♓
2010	(03:41)	♌
03.01.		
1920		♊
1921		♏
1922		♓
1923		♋
1924	(12:48)	♐
1925	(12:31)	♉
1926	(12:26)	♍
1927		♑
1928		♉
1929		♎

Geburtsdatum/ Mondzeichen			Geburtsdatum/ Mondzeichen			Geburtsdatum/ Mondzeichen			Geburtsdatum/ Mondzeichen		
1930		♒	1987	(13:36)	♓	1952		♈	2009		♈
1931	(16:21)	♋	1988	(01:17)	♋	1953	(10:41)	♍	2010	(03:52)	♍
1932		♏	1989		♏	1954	(01:45)	♑	**05.01.**		
1933		♈	1990	(11:56)	♈	1955		♉	1920		♋
1934		♌	1991		♌	1956		♎	1921	(04:58)	♐
1935		♐	1992	(20:09)	♑	1957		♒	1922	(04:42)	♈
1936	(02:11)	♉	1993		♉	1958	(19:22)	♋	1923		♌
1937	(11:55)	♎	1994		♍	1959		♏	1924	(13:22)	♑
1938	(10:31)	♒	1995		♒	1960	(16:21)	♈	1925	(23:52)	♊
1939		♊	1996		♊	1961		♌	1926		♍
1940	(15:36)	♏	1997	(14:02)	♏	1962		♐	1927	(03:10)	♒
1941		♓	1998		♓	1963	(08:33)	♉	1928		♊
1942		♋	1999	(11:31)	♌	1964		♍	1929		♏
1943	(13:34)	♐	2000		♐	1965	(10:04)	♒	1930		♓
1944		♈	2001		♈	1966	(01:06)	♊	1931	(17:32)	♌
1945		♍	2002	(00:34)	♍	1967	(21:16)	♏	1932		♐
1946		♑	2003		♑	1968		♓	1933	(03:36)	♉
1947		♉	2004	(18:58)	♊	1969		♋	1934	(03:09)	♍
1948		♎	2005		♎	1970	(17:33)	♐	1935		♑
1949	(13:58)	♓	2006	(13:43)	♓	1971		♈	1936	(06:04)	♊
1950	(07:56)	♋	2007		♋	1972	(16:50)	♍	1937	(23:58)	♏
1951		♏	2008		♏	1973		♑	1938	(21:07)	♓
1952	(06:42)	♈	2009	(10:50)	♈	1974		♉	1939		♋
1953		♌	2010		♌	1975		♎	1940	(21:12)	♐
1954		♐	**04.01.**			1976		♒	1941		♈
1955	(06:24)	♉	1920	(23:19)	♋	1977	(08:12)	♋	1942		♌
1956	(22:44)	♎	1921		♏	1978		♏	1943	(13:35)	♑
1957		♒	1922		♓	1979	(10:41)	♈	1944		♉
1958		♊	1923	(11:34)	♌	1980		♌	1945	(05:44)	♎
1959	(19:42)	♏	1924		♐	1981		♐	1946		♒
1960		♓	1925		♉	1982	(12:02)	♉	1947		♊
1961	(13:54)	♌	1926		♍	1983		♍	1948		♏
1962	(07:23)	♐	1927		♑	1984	(17:31)	♒	1949		♓
1963		♈	1928	(02:20)	♊	1985		♊	1950	(14:58)	♌
1964	(03:48)	♍	1929	(07:10)	♏	1986		♎	1951		♐
1965		♑	1930	(08:04)	♓	1987		♓	1952	(13:43)	♉
1966		♉	1931		♋	1988		♋	1953		♍
1967		♎	1932	(16:15)	♐	1989	(08:12)	♐	1954		♑
1968	(21:35)	♓	1933		♈	1990		♈	1955	(08:04)	♊
1969		♋	1934		♌	1991	(05:57)	♍	1956		♎
1970		♏	1935	(07:44)	♑	1992		♑	1957	(07:04)	♓
1971	(07:26)	♈	1936		♉	1993		♉	1958		♋
1972		♌	1937		♎	1994	(00:31)	♎	1959	(21:56)	♐
1973	(12:30)	♑	1938		♒	1995	(22:49)	♓	1960		♈
1974	(05:38)	♉	1939	(23:20)	♋	1996	(15:56)	♋	1961		♌
1975	(20:21)	♎	1940		♏	1997		♏	1962	(11:24)	♑
1976	(03:33)	♒	1941	(08:34)	♈	1998	(13:43)	♈	1963		♉
1977		♊	1942	(04:32)	♌	1999		♌	1964	(11:10)	♎
1978	(21:35)	♏	1943		♐	2000		♐	1965		♒
1979		♓	1944	(05:58)	♉	2001	(07:57)	♉	1966		♊
1980	(21:47)	♌	1945		♍	2002		♍	1967		♏
1981		♐	1946	(22:38)	♒	2003	(04:56)	♒	1968		♓
1982		♈	1947	(04:26)	♊	2004		♊	1969	(04:55)	♌
1983		♍	1948	(20:51)	♏	2005		♎	1970		♐
1984		♑	1949		♓	2006		♓	1971	(11:00)	♉
1985	(13:00)	♊	1950		♋	2007	(22:14)	♌	1972		♍
1986		♎	1951	(18:38)	♐	2008	(15:13)	♐	1973	(23:47)	♒

Geburtsdatum/ Mondzeichen		
1974	(09:00)	♊
1975		♎
1976	(12:35)	♓
1977		♋
1978		♏
1979		♈
1980		♌
1981	(02:41)	♑
1982		♉
1983	(01:44)	♎
1984		♒
1985	(21:18)	♋
1986	(01:44)	♏
1987	(17:51)	♈
1988	(12:47)	♌
1989		♐
1990	(15:04)	♉
1991		♍
1992		♑
1993	(02:42)	♊
1994		♎
1995		♓
1996		♋
1997	(20:27)	♐
1998		♈
1999	(16:49)	♍
2000	(11:24)	♑
2001		♉
2002	(02:24)	♎
2003		♒
2004		♊
2005	(01:00)	♏
2006	(15:44)	♈
2007		♌
2008		♐
2009	(16:46)	♉
2010		♍
06 .01.		
1920	(23:30)	♌
1921		♐
1922		♈
1923	(14:59)	♍
1924		♑
1925		♊
1926	(00:44)	♎
1927		♒
1928	(04:28)	♋
1929	(19:50)	♐
1930	(19:27)	♈
1931		♌
1932	(19:37)	♑
1933		♉
1934		♍
1935	(08:04)	♒
1936		♊
1937		♏
1938		♓
1939	(22:32)	♌
1940		♐
1941	(21:28)	♉
1942	(13:42)	♍
1943		♑
1944	(12:44)	♊
1945		♎
1946		♒
1947	(04:28)	♋
1948		♏
1949	(02:41)	♈
1950		♌
1951	(18:32)	♑
1952		♉
1953	(23:36)	♎
1954	(07:09)	♒
1955		♊
1956	(07:00)	♏
1957		♓
1958	(22:21)	♌
1959		♐
1960		♈
1961	(02:48)	♍
1962		♑
1963	(11:14)	♊
1964		♎
1965	(22:06)	♓
1966	(03:40)	♋
1967		♏
1968	(06:45)	♈
1969		♌
1970	(18:30)	♑
1971		♉
1972		♍
1973		♒
1974		♊
1975	(00:39)	♏
1976		♓
1977	(17:20)	♌
1978	(00:03)	♐
1979	(16:17)	♉
1980	(08:48)	♍
1981		♑
1982	(13:49)	♊
1983		♎
1984		♒
1985		♋
1986		♏
1987		♈
1988		♌
1989	(14:14)	♑
1990		♉
1991	(11:33)	♎
1992	(08:59)	♒
1993		♊
1994	(03:29)	♏
1995		♓
1996		♋
1997		♐
1998	(16:52)	♉
1999		♍
2000		♑
2001	(12:44)	♊
2002		♎
2003	(11:57)	♓
2004	(07:38)	♋
2005		♏
2006		♈
2007		♌
2008		♐
2009		♉
2010	(05:58)	♎
07.01.		
1920		♌
1921	(17:10)	♑
1922	(15:58)	♉
1923		♍
1924	(14:54)	♒
1925		♊
1926		♎
1927	(05:05)	♓
1928		♋
1929		♐
1930		♈
1931	(18:06)	♍
1932		♑
1933	(16:19)	♊
1934	(13:20)	♎
1935		♒
1936	(11:29)	♋
1937		♏
1938		♓
1939		♌
1940		♐
1941		♉
1942		♍
1943	(12:42)	♒
1944		♊
1945	(18:13)	♏
1946	(05:47)	♓
1947		♋
1948	(05:41)	♐
1949		♈
1950	(20:06)	♍
1951		♑
1952	(23:42)	♊
1953		♎
1954		♒
1955	(09:00)	♋
1956		♏
1957	(19:23)	♈
1958		♌
1959	(23:50)	♑
1960	(02:22)	♉
1961		♍
1962	(13:00)	♒
1963		♊
1964	(22:04)	♏
1965		♓
1966		♋
1967	(01:28)	♐
1968		♈
1969	(15:42)	♍
1970		♑
1971	(16:08)	♊
1972	(03:33)	♎
1973		♒
1974	(09:28)	♋
1975		♏
1976		♓
1977		♌
1978	(23:55)	♑
1979		♉
1980		♍
1981	(10:12)	♒
1982		♊
1983	(08:16)	♏
1984	(05:34)	♓
1985		♋
1986	(03:47)	♐
1987		♈
1988		♌
1989		♑
1990	(17:02)	♊
1991		♎
1992		♒
1993	(07:10)	♋
1994		♏
1995	(05:56)	♈
1996	(04:30)	♌
1997	(22:55)	♑
1998		♉
1999		♍
2000	(23:53)	♒
2001		♊
2002	(05:41)	♏
2003		♓
2004		♋
2005	(04:44)	♐
2006	(20:09)	♉
2007	(07:18)	♍
2008	(02:43)	♑
2009	(19:12)	♊
2010		♎
08.01.		
1920		♌
1921		♑
1922		♉
1923	(17:59)	♎
1924		♒
1925	(12:32)	♋

Geburtsdatum/ Mondzeichen		
1926	(10:19)	♏
1927		♓
1928	(07:52)	♌
1929		♐
1930		♈
1931		♍
1932		♑
1933		♊
1934		♎
1935	(08:17)	♓
1936		♋
1937	(12:43)	♐
1938	(05:29)	♈
1939	(22:08)	♍
1940	(04:30)	♑
1941		♉
1942	(20:48)	♎
1943		♒
1944	(21:48)	♋
1945		♏
1946		♓
1947	(03:53)	♌
1948		♐
1949	(15:03)	♉
1950		♍
1951	(18:35)	♒
1952		♊
1953		♎
1954	(10:43)	♓
1955		♋
1956	(18:33)	♐
1957		♈
1958	(23:59)	♍
1959		♑
1960		♉
1961	(14:31)	♎
1962		♒
1963	(14:41)	♋
1964		♏
1965		♓
1966	(03:50)	♌
1967		♐
1968	(19:03)	♉
1969		♍
1970	(17:47)	♒
1971		♊
1972		♎
1973	(09:03)	♓
1974		♋
1975	(07:39)	♐
1976	(00:21)	♈
1977		♌
1978		♑
1979		♉
1980	(21:38)	♎
1981		♒
1982	(14:01)	♋
1983		♏
1984		♓
1985	(02:28)	♌
1986		♐
1987	(02:13)	♉
1988	(01:35)	♍
1989	(17:31)	♒
1990		♊
1991	(20:59)	♏
1992	(21:52)	♓
1993		♋
1994	(06:34)	♐
1995		♈
1996		♌
1997		♑
1998	(20:42)	♊
1999	(01:53)	♎
2000		♒
2001	(14:09)	♋
2002		♏
2003	(22:15)	♈
2004	(18:38)	♌
2005		♐
2006		♉
2007		♍
2008		♑
2009		♊
2010	(11:00)	♏
09.01.		
1920	(01:46)	♍
1921		♑
1922	(23:27)	♊
1923		♎
1924	(19:13)	♓
1925		♋
1926		♏
1927	(06:59)	♈
1928		♌
1929	(08:51)	♑
1930	(03:59)	♉
1931	(19:48)	♎
1932	(00:44)	♒
1933		♊
1934	(20:11)	♏
1935		♓
1936	(19:02)	♌
1937		♐
1938		♈
1939		♍
1940		♑
1941	(09:27)	♊
1942		♎
1943	(13:03)	♓
1944		♋
1945		♏
1946	(10:56)	♈
1947		♌
1948	(16:41)	♑
1949		♉
1950		♍
1951		♒
1952		♊
1953	(10:44)	♏
1954		♓
1955	(10:41)	♌
1956		♐
1957		♈
1958		♍
1959		♑
1960	(14:45)	♊
1961		♎
1962	(13:53)	♓
1963		♋
1964		♏
1965	(08:08)	♈
1966		♌
1967	(06:53)	♑
1968		♉
1969		♍
1970		♒
1971	(23:09)	♋
1972	(16:03)	♏
1973		♓
1974	(08:42)	♌
1975		♐
1976		♈
1977	(00:23)	♍
1978	(23:05)	♒
1979	(00:42)	♊
1980		♎
1981	(15:42)	♓
1982		♋
1983	(18:14)	♐
1984	(18:15)	♈
1985		♌
1986	(04:42)	♑
1987		♉
1988		♍
1989		♒
1990	(18:52)	♋
1991		♏
1992		♓
1993	(08:49)	♌
1994		♐
1995	(16:58)	♉
1996	(16:29)	♍
1997	(23:00)	♒
1998		♊
1999		♎
2000		♒
2001		♋
2002	(10:57)	♐
2003		♈
2004		♌
2005	(05:11)	♑
2006		♉
2007	(19:15)	♎
2008	(12:13)	♒
2009	(19:14)	♋
2010		♏
10.01.		
1920		♍
1921	(05:50)	♒
1922		♊
1923	(21:04)	♏
1924		♓
1925		♋
1926	(16:02)	♐
1927		♈
1928	(13:53)	♍
1929		♑
1930		♉
1931		♎
1932		♒
1933	(04:16)	♋
1934		♏
1935	(10:03)	♈
1936		♌
1937	(23:53)	♑
1938	(11:06)	♉
1939		♍
1940	(13:42)	♒
1941		♊
1942		♎
1943		♓
1944		♋
1945	(04:55)	♐
1946		♈
1947	(04:44)	♍
1948		♑
1949		♉
1950	(00:08)	♎
1951	(20:56)	♓
1952	(11:34)	♋
1953		♏
1954	(13:27)	♈
1955		♌
1956		♐
1957	(05:27)	♉
1958		♍
1959	(02:52)	♒
1960		♊
1961	(23:09)	♏
1962		♓
1963	(20:01)	♌
1964	(10:49)	♐
1965		♈
1966	(03:34)	♍
1967		♑
1968		♉
1969	(00:32)	♎

Geburtsdatum/ Mondzeichen			Geburtsdatum/ Mondzeichen			Geburtsdatum/ Mondzeichen			Geburtsdatum/ Mondzeichen		
1970	(17:36)	♓	1935		♈	1992	(09:22)	♈	1957	(11:44)	♊
1971		♋	1936		♌	1993	(09:20)	♍	1958		♎
1972		♏	1937		♑	1994		♑	1959	(08:39)	♓
1973	(15:57)	♈	1938		♉	1995		♉	1960	(03:23)	♋
1974		♌	1939	(00:10)	♎	1996		♍	1961		♏
1975	(16:58)	♑	1940		♒	1997	(22:51)	♓	1962		♈
1976	(13:10)	♉	1941	(18:33)	♋	1998	(01:43)	♋	1963		♌
1977		♍	1942	(01:24)	♏	1999		♏	1964	(23:14)	♑
1978		♒	1943	(16:21)	♈	2000		♓	1965		♉
1979		♊	1944	(08:58)	♌	2001		♌	1966	(04:53)	♎
1980		♎	1945		♐	2002	(18:18)	♑	1967		♒
1981		♓	1946	(14:25)	♉	2003	(10:48)	♉	1968		♊
1982	(14:21)	♌	1947		♍	2004	(03:37)	♍	1969	(06:32)	♏
1983		♐	1948		♑	2005	(04:07)	♒	1970	(19:48)	♈
1984		♈	1949	(00:31)	♊	2006		♊	1971	(08:24)	♌
1985	(05:40)	♍	1950		♎	2007		♎	1972	(03:57)	♐
1986		♑	1951		♓	2008	(19:44)	♓	1973	(20:24)	♉
1987	(13:39)	♊	1952		♋	2009	(18:41)	♌	1974		♍
1988	(14:17)	♎	1953	(18:14)	♐	2010		♐	1975		♑
1989	(19:31)	♓	1954		♈	**12.01.**			1976		♉
1990		♋	1955	(14:43)	♍	1920		♎	1977		♎
1991		♏	1956	(07:33)	♑	1921	(18:10)	♓	1978		♓
1992		♓	1957		♉	1922	(02:47)	♋	1979		♋
1993		♌	1958	(01:52)	♎	1923		♏	1980		♏
1994	(10:16)	♑	1959		♒	1924	(03:22)	♈	1981		♈
1995		♉	1960		♊	1925		♌	1982	(16:37)	♍
1996		♍	1961		♏	1926	(18:09)	♑	1983	(06:26)	♑
1997		♒	1962	(15:34)	♈	1927		♉	1984	(05:36)	♉
1998		♊	1963		♌	1928	(23:18)	♎	1985	(08:13)	♎
1999	(13:49)	♏	1964		♐	1929		♒	1986		♒
2000	(10:59)	♓	1965	(15:10)	♉	1930		♊	1987		♊
2001	(13:44)	♌	1966		♍	1931		♏	1988		♎
2002		♐	1967	(14:05)	♒	1932		♓	1989	(21:36)	♈
2003		♈	1968	(07:54)	♊	1933	(14:27)	♌	1990		♌
2004		♌	1969		♎	1934		♐	1991		♐
2005		♑	1970		♓	1935	(14:24)	♉	1992		♈
2006	(02:58)	♊	1971		♋	1936	(05:05)	♍	1993		♍
2007		♎	1972		♏	1937		♑	1994	(15:25)	♒
2008		♒	1973		♈	1938	(13:50)	♊	1995	(05:58)	♊
2009		♋	1974	(08:41)	♍	1939		♎	1996	(02:55)	♎
2010	(19:10)	♐	1975		♑	1940		♒	1997		♓
11.01.			1976		♉	1941		♋	1998		♋
1920	(07:47)	♎	1977	(05:48)	♎	1942		♏	1999		♏
1921		♒	1978	(23:50)	♓	1943		♈	2000	(19:48)	♈
1922		♊	1979	(11:14)	♋	1944		♌	2001	(13:26)	♍
1923		♏	1980	(09:55)	♏	1945	(12:28)	♑	2002		♑
1924		♓	1981	(19:43)	♈	1946		♉	2003		♉
1925	(01:14)	♌	1982		♌	1947	(08:54)	♎	2004		♍
1926		♐	1983		♐	1948	(04:54)	♒	2005		♒
1927	(09:56)	♉	1984		♈	1949		♊	2006	(11:50)	♋
1928		♍	1985		♍	1950	(03:28)	♏	2007	(08:08)	♏
1929	(20:33)	♒	1986	(06:01)	♒	1951		♓	2008		♓
1930	(08:35)	♊	1987		♊	1952		♋	2009		♌
1931	(23:40)	♏	1988		♎	1953		♐	2010		♐
1932	(08:49)	♓	1989		♓	1954	(16:10)	♉	**13.01.**		
1933		♋	1990	(22:02)	♌	1955		♍	1920	(17:57)	♏
1934	(23:18)	♐	1991	(09:06)	♐	1956		♑	1921		♓

Geburtsdatum/ Mondzeichen			*Geburtsdatum/ Mondzeichen*			*Geburtsdatum/ Mondzeichen*			*Geburtsdatum/ Mondzeichen*		
1922		♋	1979	(23:16)	♌	1944		♍	2001	(15:05)	♎
1923	(00:34)	♐	1980	(19:17)	♐	1945	(16:57)	♒	2002	(03:41)	♒
1924		♈	1981	(22:45)	♉	1946		♊	2003		♊
1925	(12:55)	♍	1982		♍	1947	(17:15)	♏	2004		♎
1926		♑	1983		♑	1948	(17:35)	♓	2005		♓
1927	(14:30)	♊	1984		♉	1949		♋	2006	(22:31)	♌
1928		♎	1985		♎	1950	(06:16)	♐	2007	(19:11)	♐
1929		♒	1986	(09:39)	♓	1951		♈	2008	(01:23)	♈
1930	(09:35)	♋	1987	(02:18)	♋	1952		♌	2009		♍
1931		♏	1988	(00:39)	♏	1953		♑	2010		♑
1932	(20:07)	♈	1989		♈	1954	(19:29)	♊	**15.01.**		
1933		♌	1990		♌	1955		♎	1920		♏
1934	(23:37)	♑	1991	(22:00)	♑	1956		♒	1921	(05:15)	♈
1935		♉	1992	(18:00)	♉	1957	(14:06)	♋	1922		♌
1936		♍	1993	(10:30)	♎	1958		♏	1923	(04:56)	♑
1937	(08:25)	♒	1994		♒	1959	(18:10)	♈	1924		♉
1938		♊	1995		♊	1960	(14:59)	♌	1925	(22:33)	♎
1939	(05:54)	♏	1996		♎	1961		♐	1926		♒
1940	(01:03)	♓	1997		♓	1962		♉	1927	(20:59)	♋
1941		♋	1998	(08:45)	♌	1963		♍	1928	(11:26)	♏
1942	(03:31)	♐	1999	(02:23)	♐	1964		♑	1929		♓
1943	(23:21)	♉	2000		♈	1965		♊	1930	(08:37)	♌
1944	(21:38)	♍	2001		♍	1966	(09:08)	♏	1931		♐
1945		♑	2002		♑	1967		♓	1932		♈
1946	(16:42)	♊	2003	(23:08)	♊	1968		♋	1933		♍
1947		♎	2004	(10:38)	♎	1969	(09:19)	♐	1934	(22:56)	♒
1948		♒	2005	(03:50)	♓	1970		♈	1935		♊
1949	(05:57)	♋	2006		♋	1971	(19:57)	♍	1936		♎
1950		♏	2007		♏	1972	(13:26)	♑	1937	(14:28)	♓
1951	(03:05)	♈	2008		♓	1973	(22:41)	♊	1938		♋
1952	(00:19)	♌	2009	(19:33)	♍	1974		♎	1939	(15:10)	♐
1953	(21:55)	♑	2010	(05:54)	♑	1975		♒	1940	(13:55)	♈
1954		♉	**14.01.**			1976		♊	1941		♌
1955	(22:15)	♎	1920		♏	1977		♏	1942	(04:07)	♑
1956	(20:19)	♒	1921		♓	1978	(04:05)	♈	1943		♉
1957		♊	1922	(03:21)	♌	1979		♌	1944		♍
1958	(05:02)	♏	1923		♐	1980		♐	1945		♒
1959		♓	1924	(14:48)	♉	1981		♉	1946	(18:32)	♋
1960		♋	1925		♍	1982	(22:17)	♎	1947		♏
1961	(03:40)	♐	1926	(18:07)	♒	1983	(19:26)	♒	1948		♓
1962	(19:01)	♉	1927		♊	1984	(13:40)	♊	1949	(08:08)	♌
1963	(04:07)	♍	1928		♎	1985	(11:07)	♏	1950		♐
1964		♑	1929	(06:21)	♓	1986		♓	1951	(13:10)	♉
1965	(18:48)	♊	1930		♋	1987		♋	1952	(13:00)	♍
1966		♎	1931	(05:50)	♐	1988		♏	1953	(22:57)	♒
1967	(23:45)	♓	1932		♈	1989		♈	1954		♊
1968	(18:54)	♋	1933	(22:42)	♍	1990	(03:57)	♍	1955		♎
1969		♏	1934		♑	1991		♑	1956		♒
1970		♈	1935	(21:43)	♊	1992		♉	1957		♋
1971		♌	1936	(17:10)	♎	1993		♎	1958	(09:49)	♐
1972		♐	1937		♒	1994	(23:04)	♓	1959		♈
1973		♉	1938	(14:21)	♋	1995	(18:20)	♋	1960		♌
1974	(11:21)	♎	1939		♏	1996	(10:30)	♏	1961	(04:41)	♑
1975	(04:03)	♒	1940		♓	1997	(00:22)	♈	1962		♉
1976	(00:19)	♊	1941	(00:39)	♌	1998		♌	1963	(15:05)	♎
1977	(09:44)	♏	1942		♐	1999		♐	1964	(09:48)	♒
1978		♓	1943		♉	2000		♈	1965	(19:35)	♋

Geburtsdatum/ Mondzeichen		
1966		♏
1967		♓
1968		♋
1969		♐
1970	(01:20)	♉
1971		♍
1972		♑
1973		♊
1974	(17:54)	♏
1975	(16:23)	♓
1976	(08:00)	♋
1977	(12:18)	♐
1978		♈
1979		♌
1980		♐
1981		♉
1982		♎
1983		♒
1984		♊
1985		♏
1986	(17:03)	♈
1987	(14:45)	♌
1988	(06:58)	♐
1989	(00:36)	♉
1990		♍
1991		♑
1992	(22:55)	♊
1993	(13:42)	♏
1994		♓
1995		♋
1996		♏
1997		♈
1998	(18:31)	♍
1999	(13:29)	♑
2000	(01:38)	♉
2001		♎
2002		♒
2003		♊
2004	(15:33)	♏
2005	(06:27)	♈
2006		♌
2007		♐
2008		♈
2009	(23:30)	♎
2010	(18:17)	♒
16.01.		
1920	(06:43)	♐
1921		♈
1922	(03:13)	♍
1923		♑
1924		♉
1925		♎
1926	(17:48)	♓
1927		♋
1928		♏
1929	(14:07)	♈
1930		♌
1931	(14:01)	♑
1932	(09:02)	♉
1933		♍
1934		♒
1935		♊
1936		♎
1937		♓
1938	(14:09)	♌
1939		♐
1940		♈
1941	(04:45)	♍
1942		♑
1943	(09:39)	♊
1944	(10:29)	♎
1945	(19:27)	♓
1946		♋
1947		♏
1948		♓
1949		♌
1950	(09:06)	♑
1951		♉
1952		♍
1953		♒
1954		♊
1955	(09:15)	♏
1956	(07:47)	♓
1957	(13:50)	♌
1958		♐
1959		♈
1960		♌
1961		♑
1962	(00:42)	♊
1963		♎
1964		♒
1965		♋
1966	(16:39)	♐
1967	(11:48)	♈
1968	(03:09)	♌
1969	(09:39)	♑
1970		♉
1971		♍
1972	(20:04)	♒
1973	(23:39)	♋
1974		♏
1975		♓
1976		♋
1977		♐
1978	(12:30)	♉
1979	(12:10)	♍
1980	(00:51)	♑
1981	(01:17)	♊
1982		♎
1983		♒
1984	(17:47)	♋
1985	(14:48)	♐
1986		♈
1987		♌
1988		♐
1989		♉
1990	(13:17)	♎
1991	(10:04)	♒
1992		♊
1993		♏
1994		♓
1995		♋
1996	(14:25)	♐
1997	(04:40)	♉
1998		♍
1999		♑
2000		♉
2001	(20:02)	♏
2002	(15:00)	♓
2003	(08:56)	♋
2004		♏
2005		♈
2006		♌
2007		♐
2008	(05:13)	♉
2009		♎
2010		♒
17.01.		
1920		♐
1921	(13:40)	♉
1922		♍
1923	(11:05)	♒
1924	(03:28)	♊
1925		♎
1926		♓
1927		♋
1928		♏
1929		♈
1930	(07:56)	♍
1931		♑
1932		♉
1933	(05:03)	♎
1934	(23:17)	♓
1935	(07:37)	♋
1936	(05:38)	♏
1937	(18:48)	♈
1938		♌
1939		♐
1940		♈
1941		♍
1942	(04:52)	♒
1943		♊
1944		♎
1945		♓
1946	(21:03)	♌
1947	(05:03)	♐
1948	(05:44)	♈
1949	(08:52)	♍
1950		♑
1951		♉
1952		♍
1953	(23:07)	♓
1954	(00:01)	♋
1955		♏
1956		♓
1957		♌
1958	(16:13)	♑
1959	(06:33)	♉
1960	(01:03)	♍
1961	(03:55)	♒
1962		♊
1963		♎
1964	(18:04)	♓
1965	(18:57)	♌
1966		♐
1967		♈
1968		♌
1969		♑
1970	(10:07)	♊
1971	(08:53)	♎
1972		♒
1973		♋
1974		♏
1975		♓
1976	(12:15)	♌
1977	(14:02)	♑
1978		♉
1979		♍
1980		♑
1981		♊
1982	(07:46)	♏
1983	(08:02)	♓
1984		♋
1985		♐
1986		♈
1987		♌
1988	(09:15)	♑
1989	(04:57)	♊
1990		♎
1991		♒
1992		♊
1993	(19:31)	♐
1994	(09:42)	♈
1995	(04:36)	♌
1996		♐
1997		♉
1998		♍
1999	(22:11)	♒
2000	(04:25)	♊
2001		♏
2002		♓
2003		♋
2004	(18:18)	♐
2005	(13:06)	♉
2006	(10:49)	♍
2007	(02:49)	♑
2008		♉
2009		♎

Geburtsdatum/ Mondzeichen		
2010		♒
18.01.		
1920	(19:34)	♑
1921		♉
1922	(04:21)	♎
1923		♒
1924		♊
1925	(05:11)	♏
1926	(19:03)	♈
1927	(05:31)	♌
1928	(00:06)	♐
1929	(19:37)	♉
1930		♍
1931		♑
1932	(20:47)	♊
1933		♎
1934		♓
1935		♋
1936		♏
1937		♈
1938	(15:12)	♍
1939	(02:43)	♑
1940	(02:15)	♉
1941	(08:00)	♎
1942		♒
1943	(21:53)	♋
1944	(21:28)	♏
1945	(21:21)	♈
1946		♌
1947		♐
1948		♈
1949		♍
1950	(13:07)	♒
1951	(01:36)	♊
1952	(00:19)	♎
1953		♓
1954		♋
1955	(22:01)	♐
1956	(17:17)	♈
1957	(13:03)	♍
1958		♑
1959		♉
1960		♍
1961		♒
1962	(08:40)	♋
1963	(03:35)	♏
1964		♓
1965		♌
1966		♐
1967		♈
1968	(09:11)	♍
1969	(09:17)	♒
1970		♊
1971		♎
1972		♒
1973		♋
1974	(04:12)	♐
1975	(05:03)	♈
1976		♌
1977		♑
1978		♉
1979		♍
1980	(03:25)	♒
1981	(04:08)	♋
1982		♏
1983		♓
1984	(18:49)	♌
1985	(19:29)	♑
1986	(04:14)	♉
1987	(02:15)	♍
1988		♑
1989		♊
1990		♎
1991	(20:23)	♓
1992	(00:26)	♋
1993		♐
1994		♈
1995		♌
1996	(15:07)	♑
1997	(11:53)	♊
1998	(06:44)	♎
1999		♒
2000		♊
2001		♏
2002		♓
2003	(15:29)	♌
2004		♐
2005		♉
2006		♍
2007		♑
2008	(07:30)	♊
2009	(07:20)	♏
2010	(07:17)	♓
19.01.		
1920		♑
1921	(18:23)	♊
1922		♎
1923	(19:57)	♓
1924	(15:05)	♋
1925		♏
1926		♈
1927		♌
1928		♐
1929		♉
1930	(09:44)	♎
1931	(00:04)	♒
1932		♊
1933	(09:24)	♏
1934		♓
1935	(19:27)	♌
1936	(16:11)	♐
1937	(22:07)	♉
1938		♍
1939		♑
1940		♉
1941		♎
1942	(07:43)	♓
1943		♋
1944		♏
1945		♈
1946		♌
1947	(18:10)	♑
1948	(15:42)	♉
1949	(10:03)	♎
1950		♒
1951		♊
1952		♎
1953		♓
1954	(06:24)	♌
1955		♐
1956		♈
1957		♍
1958		♑
1959	(19:16)	♊
1960	(09:14)	♎
1961	(03:32)	♓
1962		♋
1963		♏
1964		♓
1965	(18:54)	♍
1966	(02:45)	♑
1967	(00:39)	♉
1968		♍
1969		♒
1970	(21:13)	♋
1971	(21:04)	♏
1972	(00:28)	♓
1973	(00:40)	♌
1974		♐
1975		♈
1976	(14:25)	♍
1977	(16:12)	♒
1978	(00:06)	♊
1979	(00:40)	♎
1980		♒
1981		♋
1982	(20:00)	♐
1983	(19:08)	♈
1984		♌
1985		♑
1986		♉
1987		♍
1988	(09:02)	♒
1989	(10:57)	♋
1990	(01:16)	♏
1991		♓
1992	(23:57)	♌
1993		♐
1994	(22:22)	♉
1995	(12:39)	♍
1996		♑
1997		♊
1998		♎
1999		♒
2000	(05:01)	♋
2001	(04:36)	♐
2002	(03:35)	♈
2003		♌
2004	(19:24)	♑
2005	(23:24)	♊
2006	(23:49)	♎
2007	(07:16)	♒
2008		♊
2009		♏
2010		♓
20.01.		
1920		♑
1921		♊
1922	(08:02)	♏
1923		♓
1924		♋
1925	(08:34)	♐
1926	(23:16)	♉
1927	(16:10)	♍
1928	(10:49)	♑
1929	(22:44)	♊
1930		♎
1931		♒
1932		♊
1933		♏
1934	(02:28)	♈
1935		♌
1936		♐
1937		♉
1938	(19:27)	♎
1939	(15:15)	♒
1940	(11:32)	♊
1941	(11:04)	♏
1942		♓
1943		♋
1944		♏
1945	(23:48)	♉
1946	(01:40)	♍
1947		♑
1948		♉
1949		♎
1950	(19:41)	♓
1951	(14:06)	♋
1952	(08:44)	♏
1953	(00:08)	♈
1954		♌
1955		♐
1956		♈
1957	(13:55)	♎
1958	(00:22)	♒
1959		♊
1960		♎
1961		♓

Geburtsdatum/ Mondzeichen			Geburtsdatum/ Mondzeichen			Geburtsdatum/ Mondzeichen			Geburtsdatum/ Mondzeichen		
1962	(18:50)	♌	1979		♎	1996	(14:15)	♒	1924		♋
1963	(15:21)	♐	1980	(04:33)	♓	1997	(21:29)	♋	1927		♍
1964	(00:10)	♈	1981	(08:21)	♌	1998	(19:34)	♏	1928		♑
1965		♍	1982		♐	1999	(04:40)	♓	1931	(11:55)	♓
1966		♑	1983		♈	2000		♋	1932	(05:22)	♋
1967		♉	1984	(18:35)	♍	2001		♐	1935		♌
1968	(13:47)	♎	1985		♑	2002		♈	1936	(23:18)	♑
1969	(10:20)	♓	1986	(17:12)	♊	2003	(19:32)	♍	1940		♊
1970		♋	1987	(12:09)	♎	2004		♑	1944	(04:53)	♐
1971		♏	1988		♒	2005		♊	1948	(22:01)	♊
1972		♓	1989		♋	2006		♎	1952		♏
1973		♌	1990		♏	2007		♒	1956	(00:11)	♉
1974	(16:47)	♑	1991		♓	2008	(09:05)	♋	1960	(14:59)	♏
1975	(16:21)	♉	1992		♌	2010	(19:36)	♈	1964		♈
1976		♍	1993	(03:46)	♑	**21.01.**			1968		♎
1977		♒	1994		♉	1920	(06:40)	♒			
1978		♊	1995		♍	1923		♓			

Wie Sie mehr über Ihr Horoskop erfahren können

Der Unterschied zwischen dem, was ein Buch über Tierkreiszeichen an individueller Deutung leisten kann, und der Interpretation Ihres persönlichen Horoskops ist wesentlich größer als der zwischen einem Anzug von der Stange und einem maßgefertigten Kleidungsstück.

Wenn Sie mehr darüber erfahren wollen, was die Gestirne über Ihr individuelles Schicksal aussagen, benötigen Sie zunächst einmal ein genau berechnetes Horoskop. Wer einen Computer hat oder jemanden kennt, der einen besitzt, hat es leicht: Es gibt eine Vielzahl von Astrologieprogrammen, die für jeden Geschmack und jeden Geldbeutel etwas bieten. Wenn Sie bereits einen Horoskopausdruck haben, können Sie sich mit Hilfe astrologischer Lehrbücher an eine genauere Interpretation herantasten. Es existieren außerdem Astrologieschulen, die Sie in der Horoskopdeutung unterrichten können. Schließlich gibt es Firmen, die Horoskopberechnungen und Computerdeutungen anbieten.

Astrologieprogramme

Leider ist auch in der Astrologie nicht alles Gold, was glänzt. Neben seriösen Astrologen, die Ihnen eine echte Lebenshilfe geben können, tummeln sich auf dem Gebiet auch viele Scharlatane. Das gleiche gilt sinngemäß natürlich für Bücher, Computerprogramme und Deutungen.

Vorsicht vor Scharlatanen

Wenn Sie in dieser Hinsicht Hilfestellung und unverbindliche Informationen wünschen, können Sie sich gern direkt an den Autor wenden. Die Adresse finden Sie auf Seite 8.

Bitte legen Sie einen adressierten DIN-A4-Umschlag und DM 5,– in Briefmarken bei, und verwenden Sie das *Stichwort »Astro-Info«*. Sie erhalten dann eine umfangreiche Liste mit unseren persönlichen Empfehlungen zu allen Bereichen der Astrologie. Ihre Adresse wird von uns nicht gespeichert und auch nicht an andere weitergegeben.

Wenn Sie eine schriftliche Horoskopdeutung nach der Methode des Autors möchten, ohne daß Sie sich selbst mit Computerberechnungen auseinandersetzen müssen, können Sie hierzu kostenlos und unverbindlich Informationsmaterial unter der Adresse des Autors anfordern *(Stichwort »Querverbindungen«)*.

Die Deutung und Bedeutung des Aszendenten

Wie bereits im Einleitungskapitel dargestellt, besteht ein Horoskop aus vielen verschiedenen Deutungselementen, von denen das Tierkreiszeichen zwar das bekannteste, aber eben nur eines von vielen ist. Das Tierkreiszeichen eines Menschen ist wie gesagt nichts anderes als die Position der Sonne im Tierkreis (= Zodiakus) zum Zeitpunkt der Geburt. Da unser Kalender ebenfalls mit dem Sonnenlauf – von der Erde aus gesehen – korrespondiert, läßt sich anhand des Geburtsdatums recht genau bestimmen, welches Tierkreiszeichen zu einem gehört. Dies ist sicherlich der Hauptgrund, warum die Sonnenzeichen so populär wurden.

Sonnenzeichen

Der wohl wichtigste Einzelfaktor für ein wirklich persönliches Horoskop ist aber der Aszendent. Der Begriff kommt von dem lateinischen Wort *ascendere,* was soviel wie »aufsteigen« bedeutet. Mit dem Aszendenten ist der Abschnitt des Zodiakus gemeint, der im Augenblick der Geburt in östlicher Richtung am Horizont aufgeht. Der Aszendent ist außerdem identisch mit der Spitze – also dem Anfang – des ersten Hauses. Da der Aszendent etwa alle vier Minuten seine Position ändert, müssen Geburtsort und die genaue Geburtszeit bekannt sein, um ihn bestimmen zu können. Wenn Sie Ihre Geburtszeit kennen, steht der Berechnung des Aszendenten nichts im Wege. Falls sie Ihnen nicht bekannt ist, können Sie sie wie gesagt beim Standesamt Ihres Geburtsortes erfahren. Bei den meisten Standesämtern wird eine schriftliche Anfrage mit frankiertem Rückumschlag

Geburtsort

umgehend bearbeitet, manche verlangen allerdings eine Gebühr. Telefonisch erhalten Sie wegen des Datenschutzes nur selten Auskunft.

Im nachfolgenden Abschnitt wird beschrieben, wie Sie den Aszendenten feststellen können. Dank eines völlig neuen Verfahrens ist dies erstmals ohne komplizierte Berechnungen und absolut zuverlässig möglich.

Wie ist der Aszendent zu deuten? Vereinfacht gesagt, gibt der Aszendent Auskunft darüber, wer wir sind, während das Sonnenzeichen beschreibt, wie wir uns verhalten. Wenn wir den Menschen mit einem Auto vergleichen, dann würde der Aszendent uns verraten, um was für ein Gefährt es sich handelt, während das Tierkreiszeichen – also die Position der Sonne – uns Aufschluß darüber gibt, wie es behandelt und gefahren wird. Dies zeigt auch schon, daß die oft gestellte Frage, was denn nun wichtiger sei, der Aszendent oder das Tierkreiszeichen, im Grunde unsinnig ist. Handeln (Sonne) setzt Körperlichkeit (Aszendent) voraus. Eine Veranlagung (Aszendent), die nicht gelebt wird (Sonne), ist bedeutungslos.

Körperlichkeit

Wie können Sie nun Näheres zur Interpretation Ihres Aszendenten erfahren? Hier gibt es mehrere Wege. Der einfachste ist natürlich, sich ein spezielles Buch zu diesem Thema zu besorgen und unter dem entsprechenden Kapitel nachzuschlagen. Vielleicht kennen Sie auch jemanden, der sich intensiver mit Astrologie beschäftigt und Ihnen persönlich Auskünfte über die Bedeutung Ihres Aszendenten und Ihres Sonnenzeichens geben kann. Falls Sie ein Tierkreiszeichen-Buch (zum Beispiel aus dieser Reihe) Ihres Aszendenten-Zeichens besitzen, können Sie auch das lesen und dabei im Hinterkopf behalten, daß es sich hier weniger um Ihr tatsächliches Verhalten, sondern um Ihre Charakteranlagen handelt. Da sich allerdings unsere Anlagen und unser Verhalten ständig wechselseitig beeinflussen, erzielen Sie schon gute Ergebnisse, wenn Sie sich selbst einfach als eine »Mischung« beider Zeichen betrachten.

Charakteranlagen

Falls Sie feststellen sollten, daß bei Ihnen Sonne und Aszendent im gleichen Tierkreiszeichen stehen, müssen Sie natürlich kein weiteres Buch zu Rate ziehen. Für Sie sollten dann die in diesem Band gemachten Aussagen in besonderem Maße zutreffen.

Die Bestimmung des Aszendenten

Die Verwendung der nachfolgenden Aszendentengrafik ist denkbar einfach: Die Skala am linken Rand (C) gibt das Datum an, die Skala am rechten Rand (A) die Uhrzeit. Markieren Sie Ihr Geburtsdatum und Ihre Geburtszeit, nehmen Sie ein Lineal und verbinden Sie beides mit einem Strich – fertig! Das Tierkreiszeichen (B) in der Mitte der Grafik, das von Ihrer Linie gekreuzt wird, ist Ihr Aszendent.
Wichtige Hinweise: Die Grafik bezieht sich auf mitteleuropäische Zeit. Falls bei Ihrer Geburt die Sommerzeit galt, müssen Sie eine Stunde abziehen. Eine Sommerzeitentabelle finden Sie im Anhang dieses Buches. Die Aszendentengrafik funktioniert nur dann, wenn Sie in Deutschland geboren sind. Ohne eine wirklich genaue Geburtszeitangabe ist kein zuverlässiges Ergebnis zu erzielen.

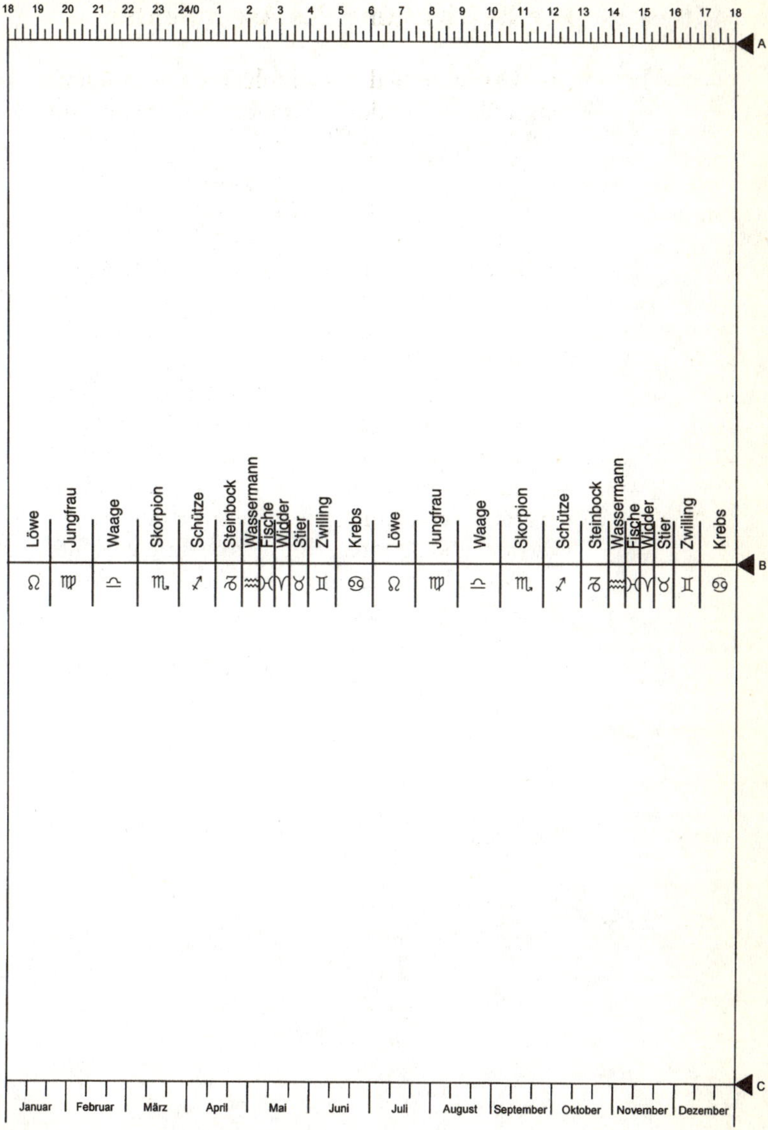
18 19 20 21 22 23 24/0 1 2 3 4 5 6 7 8 9 10 11 12 13 14 15 16 17 18
A
Löwe
Jungfrau
Waage
Skorpion
Schütze
Steinbock
Wassermann
Fische
Widder
Stier
Zwilling
Krebs
Löwe
Jungfrau
Waage
Skorpion
Schütze
Steinbock
Wassermann
Fische
Widder
Stier
Zwilling
Krebs
B
C
Januar
Februar
März
April
Mai
Juni
Juli
August
September
Oktober
November
Dezember

Literatur

Brigitte Hamann: Die zwölf Archetyen. München 1991.
Michael Roscher: Astrologische Aspektlehre. München 1997.
Michael Roscher: Das Astrologiebuch. München 1989.
Michael Roscher: Der Mond. München 1997.
Michael Roscher: Kritische Grade im Radix. Selbstverlag 1995.*
Michael Roscher: Kritische Grade in der Prognose. Selbstverlag 1995.*

* zu beziehen bei:
Buchhandlung Licht und Schatten
Ehrenstraße 18–26
D–50672 Köln
Tel. 02 21/25 43 40, Fax 02 21/25 42 02

Bildnachweis

Seite 23: Johfra: Astrologie. Tierkreiszeichen. © 1998 Johfra/Verkerke Reprodukties NV – all rights reserved –. Mit freundlicher Genehmigung.

Seite 27, 29: Udo Becker (Hrsg.): Lexikon der Astrologie. Herder/Spektrum Bd. 4596. Freiburg 2. Auflage 1997. Mit freundlicher Genehmigung des Verlags Herder.

Seite 41: Wolfgang Bauer/Irmtraud Dümotz/Sergius Golowin: Lexikon der Symbole. München 1987.

Seite 70: Giuseppe Maria Sesti: Die Geheimnisse des Himmels. Geschichte und Mythos der Sternbilder. Köln 1991. Mit freundlicher Genehmigung der Editrice Novecento.

Seite 110: Darstellung des Steinbocks im »Tractatus sphaera«.

Seite 117: Hans Biedermann: Handlexikon der magischen Künste. Graz 1976. Mit freundlicher Genehmigung der Akademischen Druck- und Verlagsanstalt.

Seite 122: Nicholas Campion: Der praktische Astrologe. Hamburg 1988.

Seite 130: Abbildung aus dem Tarot Arcus Arcanum mit Erlaubnis der Firma AGM AGMüller, Neuhausen/Schweiz. © 1987 AGM. Weitere Reproduktion nicht gestattet.

Seite 149: Sachs/Badstübner/Neumann: Christliche Ikonographie in Stichworten. München 1975. Mit freundlicher Genehmigung des Kösel Verlags.

Seite 152: Illustration aus dem Tarotkartenspiel Rider Waite®, auch bekannt als Rider Tarot und Waite Tarot. Mit freundlicher Genehmigung von U.S. Games Systems, Inc., Stamford, CT 06902 USA. Copyright © 1971 U.S. Games Systems, Inc. Weitere Reproduktion nicht gestattet. Das Tarotkartenspiel Rider-Waite® ist ein eingetragenes Warenzeichen für U.S. Games Systems, Inc.

Seite 155, 157: Brüder Grimm: Kinder und Hausmärchen, Bilder von Janusz Grabianski. © by Verlag Carl Ueberreuter, Wien o. J.

Seite 164: L. Frobenius/H. Obermaier: Hadschra Maktouba. München o. J.

Das Märchen »Der Froschkönig oder der eiserne Heinrich« auf S. 153 ff. wurde folgendem Band entnommen: Kinder und Hausmärchen. Gesammelt durch die Brüder Grimm. Marburg 1922.

Trotz intensiver Recherchen konnten nicht alle Rechteinhaber ermittelt werden. Der Verlag ist selbstverständlich bereit, berechtigte Forderungen abzugelten.